人文社科
高校学术研究论著丛刊

起航精彩人生：
大学生职业生涯规划与就业指导

顾水英 著

中国书籍出版社
China Book Press

图书在版编目(CIP)数据

起航精彩人生：大学生职业生涯规划与就业指导 / 顾水英著 . -- 北京：中国书籍出版社，2021.4
ISBN 978-7-5068-8431-0

Ⅰ.①起… Ⅱ.①顾… Ⅲ.①大学生－职业选择 Ⅳ.① G647.38

中国版本图书馆 CIP 数据核字（2021）第 065989 号

起航精彩人生：大学生职业生涯规划与就业指导

顾水英　著

丛书策划	谭　鹏　武　斌
责任编辑	李　新
责任印制	孙马飞　马　芝
封面设计	东方美迪
出版发行	中国书籍出版社
地　　址	北京市丰台区三路居路 97 号（邮编：100073）
电　　话	（010）52257143（总编室）　（010）52257140（发行部）
电子邮箱	eo@chinabp.com.cn
经　　销	全国新华书店
印　　厂	三河市德贤弘印务有限公司
开　　本	710 毫米 ×1000 毫米　1/16
字　　数	265 千字
印　　张	17
版　　次	2022 年 1 月第 1 版
印　　次	2022 年 1 月第 1 次印刷
书　　号	ISBN 978-7-5068-8431-0
定　　价	92.00 元

版权所有　翻印必究

目 录

上 编　职业生涯规划

第一章　认识美丽新世界——职业生涯发展概述 …………… 1
　　第一节　基本概念 …………………………………………… 1
　　第二节　职业生涯规划的意义 ……………………………… 5
　　第三节　职业生涯规划的方法及步骤 ……………………… 7
　　第四节　生涯规划基本理论 ………………………………… 17

第二章　兴趣能当饭吃吗——探索自我兴趣 ………………… 22
　　第一节　兴趣的定义 ………………………………………… 22
　　第二节　Holland 职业兴趣理论 …………………………… 23
　　第三节　兴趣与生涯发展的关系 …………………………… 28

第三章　遇见个性的自己——探索个人性格 ………………… 31
　　第一节　性格的定义 ………………………………………… 31
　　第二节　MBTI 性格测评的维度 …………………………… 35
　　第三节　性格测评与解析 …………………………………… 39
　　第四节　性格与生涯发展的关系 …………………………… 45

第四章　安身立命之本领——技能探索 ……………………… 49
　　第一节　技能的定义 ………………………………………… 49
　　第二节　职业技能的三分法 ………………………………… 51
　　第三节　职业技能测试 ……………………………………… 56
　　第四节　职业技能与生涯发展的关系 ……………………… 60

第五章 探索心中那杆秤——价值观探索 ………………… 63
    第一节 职业价值观的定义 …………………………………… 63
    第二节 职业价值观分类 ……………………………………… 64
    第三节 职业价值观测试 ……………………………………… 68
    第四节 职业价值观与生涯发展的关系 ……………………… 77

第六章 让梦想照进现实——探索职业生涯目标 …………… 80
    第一节 职业选择的原则和方法 ……………………………… 80
    第二节 职业目标的制订与管理 ……………………………… 85
    第三节 职业目标的分析与评估 ……………………………… 94
    第四节 职业目标的修正 ……………………………………… 103

第七章 认识外面的风景——探索外部职业世界 …………… 107
    第一节 探索工作世界的维度 ………………………………… 107
    第二节 探索工作世界的方法 ………………………………… 114
    第三节 获取职业信息资源 …………………………………… 122

第八章 千里之行始足下——促进有效行动 ………………… 130
    第一节 大学生活与职业生涯 ………………………………… 130
    第二节 做好时间－任务管理 ………………………………… 134
    第三节 开启职业生涯规划 …………………………………… 137

下 编 就业指导

第九章 全面衡量入对行——职业定位 ……………………… 151
    第一节 寻找职业机会 ………………………………………… 151
    第二节 梳理个人职业能力 …………………………………… 158
    第三节 确定职业目标 ………………………………………… 161

第十章 提升能力促就业——全面提升求职技能 …………… 168
    第一节 求职渠道的选择 ……………………………………… 168
    第二节 求职简历 ……………………………………………… 174

目 录

- 第三节 面试技巧 …………………………………… 176
- 第四节 模拟面试 …………………………………… 184

第十一章 知己知彼为护航——求职就业法律法规 ……… 191
- 第一节 大学生就业政策及制度 …………………… 191
- 第二节 大学生就业相关法律法规 ………………… 200
- 第三节 就业协议和劳动合同 ……………………… 206
- 第四节 大学生常见就业陷阱与防范 ……………… 213

第十二章 理性选择闯职场——科学选择职业生涯 ……… 219
- 第一节 决策理论模型 ……………………………… 219
- 第二节 生涯决策理论 ……………………………… 225
- 第三节 决策方法及体验 …………………………… 229

第十三章 做好当下谋未来——职场适应与职业发展 …… 234
- 第一节 从大学生到职业人的转变与适应 ………… 234
- 第二节 就业压力分类及应对策略 ………………… 248
- 第三节 常见求职心理调适与管理 ………………… 255

参考文献 ………………………………………………… 260

上 编　职业生涯规划

第一章　认识美丽新世界
——职业生涯发展概述

机会总属于有准备的人。职业生涯规划的理论和实践同我们职业的成功乃至人生的成功密切相关，而大学生的职业规划更是个人走向职场的基础性准备工作。从跨进校门的那一刻开始，大学生们就需要在规划中前行，并通过实践来完善规划。

第一节　基本概念

一、生涯

在英文世界里，"生涯"是"career"一词的翻译，有时也会将之翻译为"职业生涯"。从字源看，它来自罗马语"viararia"及拉丁语"earrus"，这两者的意义均指古代的战车。在希腊，"career"这个词有疯狂竞赛的意思，最早常用作动词，如驾驭赛马。在西方人的概念中，"生涯"一词有在马场上驰骋竞技的意思，隐含有冒险精神。后来该词又引申为道路及人生的发展道路，也可指人或事物的经历及途径，或指个人一生的发展过程。

而在中文里，"生涯"最早来源于《庄子·养生主》篇的"吾生也有涯,而知也无涯"。因此,中文语境中的"生涯"一词含有生命历程之义,并有着"有涯"的时间特性。而在后世的生活体验中,中国的文人又对之作了进一步的衍化。或者将"生涯"视为"生活",或者更具体地定义在"生活的方式"这一层次上。

二、职业生涯

从规范性的角度看,"生涯"是人们一生所经历的顺次相连的全部事件,也可以指在某个特定领域或者方面的历程或进步,如婚姻生涯、学术生涯、学业生涯等。而特定到职业领域就是我们所称的"职业生涯"。

在范畴上,按照生涯理论大师施恩的观点,职业生涯包含内外两个层次:"内职业生涯"是从事某一职业时所具备的知识、观念、心理素质、能力、心理感受等因素的有关经验或活动;"外职业生涯"是指从事职业时的工作单位、工作地点、工作内容、工作职务、工作环境、工资待遇等因素的组合及其变化的过程。

一个严重的偏见是,所谓的职业就是工作,大学生的职业生涯管理就是找个好工作。但问题在于,有份工作并不等于就有一个光辉的职业生涯。在现实生活中,太多的大学毕业生(甚至是大部分)有份工作,但这并不意味着他们即将开启自己的职业生涯。他们的工作仅仅是赚钱,他们不得不工作,而且工作不能给他们带来快乐。所以一个人如果想在工作、生活中找到幸福,那么他就必须以新的方式思考工作的意义,以及工作和生活的关系。我们可以将工作与职业生涯的不同点列表如下:

表1-1 工作与职业生涯的不同

工作	职业生涯
有时间上的限制,有明确的开始和结束时间	终身
工作 = 获得报酬	工作 = 事业、梦想、抚养家庭、贡献社会
工作主要的目标是赚钱	工作是为了获得自我的发展
钱 = 幸福	个人发展 = 幸福
家庭、工作难以平衡,牺牲家庭	家庭、组织和社会平衡发展

第一章 认识美丽新世界——职业生涯发展概述

职业生涯不仅是一个过程的定义,更是一个人生的定义。在人的一生中,你所从事的工作、你所奋斗的成就决定着一个人的价值与意义。可以从两个方面理解职业生涯的内涵:一是内职业生涯,即指从事一种职业时的知识、观念、经验、能力、心理素质、内心感受等因素的组合及其变化过程。一个人刚步入职场的心态肯定与几年之后大不相同,为人的随和、处事的稳重、设计的全面考虑等都是职业生涯的内容。这些隐性的变化是一个人成长的具体体现。二是外职业生涯,指从事职业时的工作单位、工作时间、工作地点、工作内容、工作职务与职称、工作环境、工资待遇等因素的组合及其变化过程。职务的升迁、职称的变化会随着事业的发展而变化,是一个人的职业生涯素质的成熟与人生前进的标志。

与职业生涯相关的概念还有职业生涯设计与职业生涯管理。职业生涯设计是指个人(在组织的指导下)根据职业环境的发展,对个人素质的发展、个人职业定位、职业道路选择、职业生涯发展进行的一系列安排。职业生涯管理是指个人(在组织的指导下)根据职业环境的变化,对个人职业生涯进行设计、履行、评估、反馈、控制的过程,它们都是站在未来组织的立场对职业生涯的认识。

三、职业生涯规划

职业生涯规划,又称为职业生涯设计,普遍认为是著名管理学家诺斯威尔(William J. Rothwell)首先提出这个概念的。他认为,职业生涯设计就是个人结合自身情况及眼前制约因素,为自己实现职业目标而确定行动方向、行动时间和行动方案。尽管之后其他学者对职业生涯规划的概念有不同的理解,但各种理解上的差异并不能掩盖职业生涯规划在人们观念中的共识。应该说,诺斯威尔的定义从一开始就为职业生涯规划定下了基调,具有典型意义。对职业生涯规划概念的认识,应着重把握以下三点。

（1）职业生涯规划分为认知、设计、行动三大部分。

职业生涯规划是一种复合化的行为过程。认知包括对人生理想、职业价值观、兴趣爱好、个性特征、能力状况等主体方面的认知，也包括对家庭条件、社会环境、职业分类、工作性质的认知，还包括对职业生涯规划理论和方法的认知。设计是指个体根据认知，为自己有针对性地树立职业目标、制订实施方案、确定阶段任务。行动则是将设计的内容付诸实施。三者环环相扣，浑然一体。

（2）职业生涯规划以职业实现和职业维持为中心，同时包含对性情培养、家庭角色扮演、生活方式和状态等非职业因素的规划。

对于大多数人而言，职业是物质生活来源的基础，也是心理塑造的重要因素，正因如此，职业生涯规划才会成为一个独立的研究主题，甚至在某种意义上，职业生涯规划可以等同于生涯规划。所以，职业生涯规划的核心是找到适合自己的理想职业，并得以维持。但是职业的实现和职业的维持不是孤立的，它们需要生涯的其他方面作支撑。比如，家庭的建立往往有助于职业因素更大地发挥作用，家庭的建立形态等也会影响着职业的选择，同时家庭的建立也影响着职业结束后个体的归属。所以，职业生涯规划是关于个人生涯较全面的规划过程。

（3）职业生涯规划深受客观条件的影响。

首先，职业生涯规划属于一种社会科学，本身无法做到像自然科学那样严谨精确。其次，职业生涯规划的调整是主体与客观因素的适应关系，但客观上的因素是无法完全预料的。职业生涯规划所能做到的是根据既有的因素去安排路线和行动，在客观因素变化时，也能运用合理的方法去应对。但是，如果没有这些准备，我们将漫无方向，在面对新情况时，也很难找到合理的方法解决。所以职业生涯规划为个体的发展提供的并非如建筑图纸那样的细致无缺，它提供的是让我们合理有序发展的框架。

第二节 职业生涯规划的意义

　　职业生涯规划不仅仅是帮助个人根据自身的实际情况找到一份工作，达到自己的目标，实现个人抱负；更重要的是帮助个人分析自己、认识自己、了解自己，并为自己定下事业大计、筹划未来、经营人生；同时，帮助个人树立远大的理想，确立明确的目标与管理方案，并运用科学的方法，采取切实可行的措施，发挥个人的特长，发掘潜能，克服生涯发展困阻，避免人生陷阱，不断修正前进的方向，最后获得事业的成功。事实上，通过规划，从而"让现在的行动具有未来成功的意义"，以便实现完美的人生，正是职业生涯规划的显著意义。

　　米歇尔罗兹（Michelozzi，1998）指出：生涯规划有突破障碍、开发潜能和自我实现三个积极意义（三者的关系如图1-1所示）。一个人最大的幸福，是能以自己选择的方式生活。择其所爱、爱其所择的结果，会使一个人以己为荣，并呈现出圆融、丰足、喜悦、智慧和充满创造力的气质。因此，职业生涯发展要有计划、有目的地进行，很多时候我们的职业生涯受挫就是由于职业生涯规划没有做好。凡事"预则立，不预则废"，好的计划是成功的开始，没有规划的人生往往是注定要失败的。

　　大学生是一个较为特殊的青年群体。经过大学阶段的学习和生活，他们掌握了一定的专业技能，身心得到了进一步的发展，为大学毕业后的工作和生活打下了基础。大学生在求职过程中，每个人的表现均有不同，有的毕业生经历近百次面试失败，人称"面霸"，却不屈不挠、锐气不减；有的毕业生则经历一次面试失败，便从此一蹶不振。究其根源，前者有长远的职业目标，找工作不过是其职业生涯道路上的一个点，实现其职业目标并不是通过唯一的单位或唯一的岗位，而是有很多职业或岗位可以选择的，因此一家单位或一个岗位的面试失败并不能成为实现长远职业目标的阻碍。而后者则明显没有长远的职业目标,找工作就是其核心目标,面试失败自然会挫伤其自信心。大学时代是一个人职业生涯规划中的黄金时段,大学生进行职业生涯规划,对于职业的选择和今后职业生涯的发展都有十分重要的意义。

突破障碍

内在障碍:
恐惧不安
缺乏信心
缺少自觉
自视甚低
态度消极
缺少技能

外在障碍:
政局动荡
市场趋势不明
经济衰退
社会紊乱
刻板印象
体能要求

自我实现:
以己为荣
圆融
丰足
喜悦
智慧
创造力

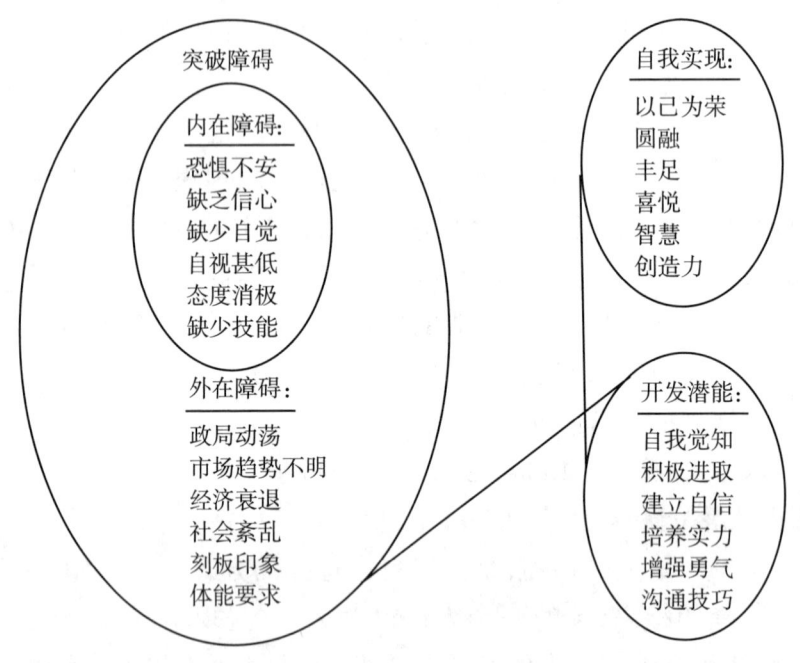

开发潜能:
自我觉知
积极进取
建立自信
培养实力
增强勇气
沟通技巧

图 1-1 职业生涯规划功能图

（1）有利于明确人生未来的奋斗目标：职业生涯规划可为学生在选择符合自己的兴趣、爱好、特长,适合自己个性特点,同时又能满足自身需求的职业岗位的努力中,提供有效的帮助。

（2）有利于个性发展和综合素质提升：职业生涯规划是终身教育的一种形式,能引导个体认识自身的个性特质、现有和潜在的优势,帮助个体重新认识自身的价值并使其持续增值。

（3）有利于认清形势,准确定位,合理安排大学的学习生活：职业生涯规划的五大要素是：知己、知彼、抉择、目标、行动。了解自己与社会需求之间的差距,有利于自己合理安排大学生活,不断缩小差异,最终达到职业目标。

（4）有利于提升职业品质,认清就业形势,转变就业观念：引导个体前瞻与实际相结合的职业定位,搜索或发展新的或有潜力的职业机会。

(5)有利于实现"人职匹配",提高就业满意度:职业生涯规划帮助大学生找到相对适合自己并使自己满意的职业,降低离职率。

第三节 职业生涯规划的方法及步骤

一、职业生涯规划的方法

由于职业生涯伴随着人的大半生,职业生涯的规划直接影响着个人的前途和命运,因此,职业生涯规划一定要科学,这就需要掌握一定的技巧和方法。

(一)PPDF法

PPDF的英文全称是Personal Performance Development File,中文意思是个人能力发展文件。PPDF是对员工工作经历的一种连续记录,它使员工及主管领导对该员工所取得的成就,以及员工将来想做些什么有一个系统的了解。它既指出员工现时的目标,也指出员工将来的目标及可能达到的目标。它标示出,你如果要达到这些目标,在某一阶段你应具有什么样的能力、技术及其他条件。同时,它还帮助你在实施行动时进行认真思考,看你是否非常明确这些目标,以及你应具备的能力和条件。

PPDF是两本完整的手册,当你希望去达到某一个目标时,它为你提供了一个非常灵活的档案。将PPDF的所有项目都填好后,交给你的直接领导一本,员工自己留下一本。领导会找你,你要告诉他你想在什么时间内,以什么方式来达到你的目标。他会同你一起研究,分析其中的每一项,给你指出哪一个目标你设计得太远,应该再近一点;哪一个目标设计得太近,可以将它往远处推一推；他也可能告诉你,在什么时候应该和业余培训单位联系,他也可能会亲自为你设计一个更适合于你的方案。总之,不管怎样,你可单独地和你相信的领导一同探讨你该如何发展、奋斗。具体来说,PPDF 法包含以下几个方面内容。

1. 个人情况

（1）个人简历。包括个人的生日、出生地、部门、职务、现住址等。

（2）文化教育。初中以上的校名、地点、入学时间,在学校负责过何种社会活动等。

（3）学历情况。填入所有的学历、取得的时间、考试时间、学过的主要课程及分数等。

（4）曾接受过的培训。曾受过何种与工作有关的培训、培训形式、培训时间等。

（5）工作经历。按顺序填写你以前工作过的单位名称、所从事过的工作、工作地点等。

（6）有成果的工作经历。写上你认为以前有成绩的工作是哪些,不要写现在的。

（7）工作评价。写你对工作进行的评价。

（8）评估小结。对档案里所列的情况进行自我评估。

2. 现在的行为

（1）现时工作情况。应填写你现在的工作岗位、岗位职责等。

（2）现时行为管理文档。写上你现在的行为管理文档记录,可以在这里加一些注释。

（3）现时目标行动计划。设计一个目标,同时列出和此目标有关的专业、经历等。这个目标是有时限的,要考虑到成本、时间、质量和数量等。如果有什么问题,可以立刻与你的上司探讨解决。

（4）如果你有了现时目标。它是什么？

（5）怎样为每一个目标设定具体的期限？此处写出你和上

司谈话的主要内容。

3. 未来的发展

（1）职业目标。在今后的3～5年里，你准备在单位里做到什么位置。

（2）所需要的能力、知识。为了达到你的目标，你认为应该拥有哪些新的技术、技巧、能力和经验等。

（3）发展行动计划。为了获得这些能力、知识等，你准备采取哪些实际行动，使用什么方法。其中哪一种是最好、最有效的，谁对执行这些行动负责，什么时间能完成。

（4）发展行动日志。此处填写发展行动计划的具体活动安排，所选用的培训方法，如听课、自学、所需时间、开始时间、取得的成果等。

对照上面的详细内容，结合自己的实际情况，大学生可以为自己的职业生涯规划设计一个PPDF，明确学习方向，并每隔一段时间拿出来进行对照，看看是否偏离了执行路线，以便及时做出调整。因为PPDF的使用需要外界权威的支持，大学生可以把自己的PPDF分别拿给老师、家长各一份。有了外界权威的监督和指导，相信定会收到事半功倍的效果。

（二）SWOT法

SWOT法又称为态势分析法，是由美国旧金山大学的管理学教授在20世纪80年代初提出来的，常用来做企业内部分析的方法，即根据企业自身的既定内在条件进行分析，找出企业的优势、劣势及核心竞争力之所在。其中，S代表strength（优势），W代表weakness（弱势），O代表opportunity（机会），T代表threat（威胁），S、W是内部因素，O、T是外部因素。按照企业竞争战略的完整概念，战略应是一个企业"能够做的"（即组织的强项和弱项）和"可能做的"（即环境的机会和威胁）之间的有机组合（表1-2）。

表1-2 SWOT法矩阵

	优势（S）	弱势（W）
机会（O）	SO战略（增长型战略）	WO战略（扭转型战略）
威胁（T）	ST战略（多种经营战略）	WT战略（防御型战略）

SWOT法运用系统的思想将一些看似独立的因素相互匹配并加以综合分析，有利于人们对个人或组织所处情景进行全面、系统、准确的研究，有助于人们制订发展战略和计划，以及与之相对应的对策。对于自身职业发展问题进行SWOT法分析时，应遵循以下五个步骤。

1. 评估自己的长处和短处

每个人都有自己独特的技能、天赋和能力。在当今分工非常细的环境里，每个人都只能擅长于某一领域，而不是样样精通。例如，有些人不喜欢整天坐在办公室里，而有些人则一想到不得不与陌生人打交道时，心里就发怵，惴惴不安。请列出你自己喜欢做的事情和你的长处所在。同样，通过列表，你可以找出自己不是很喜欢做的事情和你的弱项。找出你的短处与发现你的长处同等重要，因为你可以基于自己的长处和短处做出两种选择：一是通过学习改进自己的弱项，二是放弃学习自己不擅长的弱项。

2. 找出自身的职业机会和威胁

不同的行业面临不同的外部机会和威胁，所以，找出这些外界因素将助你成功地找到一份适合自己的工作，这对你求职是非常重要的，因为这些机会和威胁会影响你的第一份工作和今后的职业发展。如果企业是处于一个常受到外界不利因素影响的行业里，很自然，这个企业能提供的职业机会将是很少的，而且没有职业升迁的机会。相反，充满了许多积极外界因素的行业将为求职者提供广阔的职业前景。请列出你感兴趣的一两个行业，然后认真地评估这些行业所面临的机会和威胁。

3. 确定近期的职业目标

提纲式列出今后 3～5 年内的职业目标,仔细地对自己做一个 SWOT 分析评估,列出你 5 年内最想实现的四个至五个职业目标。这些目标可以包括你想从事哪一种职业,你将管理多少人,或者你希望自己拿到的薪水属哪一级别。请记住,你必须竭尽所能地发挥出自己的优势,使之与行业提供的工作机会完全匹配。

4. 列出今后的职业行动计划

提纲式地列出一份今后 3～5 年的职业行动计划,并且详细说明为了实现每一目标要做的每一件事,何时完成这些事。如果你觉得需要一些外界帮助,请说明需要何种帮助和如何获取这种帮助。例如,你的个人 SWOT 分析可能表明,为了实现你理想中的职业目标,你需要进修更多的管理课程,那么,你的职业行动计划应说明要参加哪些课程、什么水平的课程,以及何时进修这些课程等。你拟订的详尽的行动计划将帮助你做决策,就像外出旅游前事先制订的计划将成为你的行动指南一样。

5. 寻求专业帮助

能分析出自己职业发展及行为习惯中的缺点并不难,但要以合适的方法改变它们却很难。相信你的朋友、上级主管、职业咨询专家都可以给你一定的帮助,特别是很多时候借助专业的咨询力量会让你大走捷径。有外力的协助和监督也会让你更好地取得效果。

做个人的 SWOT 分析会占用一定的时间,但是详细的个人 SWOT 分析是非常值得的。详尽的 SWOT 分析后,你会有一个连贯的、实际可行的个人职业策略供参考,使自己在当今竞争白热化的市场经济社会中拥有一份充满挑战性、薪酬丰厚和乐趣并存的职业。因此,它值得你花一些时间去制订策略性的行动方案。

(三) 5 "What" 法

许多职业咨询机构和心理学专家进行职业咨询和职业规划时常常采用的方法是有关 5 个 "What" 的归零思考模式：从"我是谁"开始，然后依次问下去，共有 5 个问题。通过回答这 5 个问题，找到它们之间的最大共同点，这时就有了自己的职业生涯规划。

1.What are you？

你是谁？是指对自己进行一次深刻的反思，想想自己到底是怎样的一个人，最好把自己的优势和劣势都列出来进行分析。

2.What do you want？

你想干什么？是对自己职业发展的一个心理趋向的检查。每个人在不同阶段的兴趣和目标并不完全一致，有时甚至是完全对立的。随着年龄的增长和经历的增多而逐渐固定，并最终锁定自己的终生理想。

3.What can you do？

你能干什么？是对自己能力与潜力的全面总结。一个人职业的定位最根本还是归结于他的能力，而职业发展空间的大小则取决于自己的潜力。对个人潜力的了解应从兴趣、执行力、判断力、知识结构等方面去认识。

4.What can support you？

环境支持或允许你干什么？是对环境支持的了解，包括客观和主观两方面。其中，客观方面包括经济发展、人事政策、企业制度、职业空间等；主观方面包括同事关系、领导态度、亲戚关系等，两个方面要综合起来分析。个人在做职业生涯规划的时候，常常会忽视主观方面的积极影响，不能将一切有利于自己发展的因素充分调动起来,从而影响自己的职业发展。

5. What you can be in the ends？

自己最终的职业目标是什么？在明晰前四个问题后,找出实现目标的有利和不利条件,列出不利条件最少,自己想做而又能够完成的职业目标,你就有了清晰的框架。当然,计划赶不上变化,要使职业生涯规划行之有效,必须不断地对职业生涯规划进行评估与调整。

二、职业生涯规划的步骤

职业生涯规划究其本质是在知己知彼的基础上确定个人的职业生涯发展方向、目标及路径,并采取有效行动达成目标的过程。明确"我是谁""我在哪儿""我能做些什么""我该如何走",让自己每天做的事情和自己的美好愿望形成一个科学的、紧密的连接,实现人生的价值。大学生职业生涯规划的基本步骤包括自我评估、外部环境分析、目标确立、策略实施和反馈修正。

（一）自我评估

自我评估,对于大学生来说,主要是了解兴趣、学识、技能、情商等与大学生本人相关的所有因素。自我评估的结果可以通过自我剖析、职业测试及角色建议等方法获得。

美国职业指导创始人帕森斯提出的职业-人匹配理论,是最早的职业辅导理论,他认为,个体差异是普遍存在的,每一个个体都有自己独特的能力模式和个性特质,而某种能力模式及人格模式又与某些特定职业存在着相关性。每一种职业由于其工作性质、环境、条件、方式的不同,对工作者的能力、知识、技能、性格、气质、心理素质等都有不同的要求。进行职业决策时,就要根据一个人的个性特征来选择与之相对应的职业种类,即进行人-职匹配。如果匹配得好,则个人的特征与职业环境协调一致,职业成功的可能性就大为提高。反之,职业成功的可能性就很低。因此,对于组织和个体来说,进行恰当的人－职匹配具有非常重要的意义。而进行人－职匹配的前提之一是必须对人的个体特性有充分的了解和掌握。

认知自我是一个非常痛苦和艰难的过程,大学生在澄清我是谁,我是否有价值,我能做些什么,我喜欢做些什么,我为什么要生活,我努力奋斗是为了什么,生命的意义是什么,人生的目的是什么等问题的过程中常会遇到很多困惑与迷茫。在对自己进行层层剖析的过程中,有时也是非常痛苦的,但一定要潜心来做,因为澄清真实的自我是做好职业生涯规划的第一步。在这里建议大学生在利用人才测评量表认知自我之前,应认真阅读测试指导语,并在一个较为安静的场所进行自我心灵的交流,完全遵从真实的我,这一点是保证测试结果准确的重要环节。

另外,采用非标准的评估方法,如访谈、360度评估、关键事件分析等,进行自我探索也非常必要,是全面、客观地澄清真实自己的有效方法,可帮助大学生更好地把握自我的职业兴趣、个性特征、价值取向、行为风格等。

(二)外部环境分析

随着经济的高速发展,科技日新月异,市场竞争加剧,用人单位的要求越来越高,这些因素都对个人的发展产生了很大的影响。因此,在制订个人的职业生涯规划时,大学生要详细分析环境条件的特点、环境的发展变化情况、自己与环境的关系、自己在这个环境中的地位、环境对自己提出的要求及环境对自己的有利条件和不利条件等。

职业环境的分析主要包括三个方面。第一,组织环境分析。对所选组织的特点、文化、经营状况、发展状态、发展战略、人才需求、升迁政策及具体岗位的工作性质进行全面系统分析。第二,社会环境分析。主要分析社会政策、社会变革、价值观念变化、人才市场需求和科学技术的发展对自己所选职业的影响等。社会环境分析具有很强的时效性。第三,经济环境分析。主要分析经济模式的转变、经济体制的改革、经济政策的变化、产业结构的调整、经济的增长率、经济的景气度、经济建设重点的转移、改革开放的政策等对自己所选职业的影响。经济环境要结合国家宏观经济政策一起来分析。

通过以上分析,大学生应对职业环境的特点、发展变化趋势、自己与环境的关系、自己在特定环境中的地位做到心中有数,对环境因素对自己职业生涯发展的影响了然于心。只有对这些环境因素全方位认知,才能做到在复杂的环境中避害趋利,有的放矢,使自己的职业生涯规划得以顺利实现。在这里,应提倡大学生尽可能做到与工作世界"零距离"接触,以提高对职业环境认识的全面性。

方法一:亲身体验。大学生可利用自己节假日时间到目标企业或与目标企业相近似的企业、公司进行实地考察、顶岗实习,以职业人的标准要求自己,做到与目标职业岗位"零距离"接触。一方面,在学习职业技能的同时,感悟企业文化、企业经营理念,了解企业的用人要求,了解岗位工作性质、内容、工作环境、薪酬、晋升机会及发展前途等;另一方面,也可考察自己对工作环境的适应力,探寻自身条件与工作岗位的匹配度,为做出科学的职业决策提供指导。

方法二:生涯人物访谈。大学生可采用朋友推荐、教师介绍等方式开展生涯人物访谈,走访行业领域里的成功人士,了解成功人士的成长历程,了解行业特点、发展趋势,为在校期间制订出合理的学习计划提供依据。

方法三:走访师哥师姐。大学生可通过走访师哥师姐来加深自己对职场环境的认识。师哥师姐作为同辈人,具有相似的文化背景与经历,可以从更为现实的角度帮助学生认识职场,了解走出校门后的职场生活,帮助他们对未来的职业环境有更加感性的认识。同时也可提示学生为更好地适应未来的职场发展,在校期间应该怎么做,应该如何学,从而为大学生制订科学合理的职业规划行动方案提供指导。

（三）目标确定

目标确定是职业生涯规划的核心内容。在自我评估、外部环境分析的基础上，选择自己的职业方向，确立职业生涯发展目标。大学生在职业定位过程中应考虑性格与职业的匹配、兴趣与职业的匹配、特长与职业的匹配、专业与职业的匹配、社会需求与个人愿望的匹配等，力争做到择己所爱、择己所长、择世所需。

面对当今就业难的问题，大学生应树立从基层做起，脚踏实地地去实现人生理想的就业观。大学生必须根据实际情况相应调整自己的就业期望值，对就业地域、就业单位、就业岗位、工资薪酬等及时做出合理的调整，适应现实社会的发展变化，避免出现"高不成、低不就"的现象。

（四）策略实施

行动计划由长期和短期两部分组成，长期计划的实现有众多不确定因素，因此在校大学生要根据自身实际情况和社会发展趋势，不断地设定新的短期目标。没有行动，职业目标就只能是一场梦想。大学生应围绕职业目标，制订具有针对性、明确性与可行性的行动计划，特别是要详尽制订好大学期间和毕业后五年内的实施计划。在制订计划时要注意区分轻重缓急，学会时间管理和应对干扰，要有具体的行为措施来保证。详细制订行动计划，近期行动计划最好是细化到每一周。大学阶段，学生们应按照这个行动方案科学规划自己的大学生活，从而为个人进入真实的职业生涯做好充分的准备。

制订行动计划的要点包括：第一，实行目标的分解组合。首先将目标按时间分解为短期目标（一年以内）、中期目标（二至五年）、长期目标（十年及以上）等；按内容分解为知识目标（如专业、证书等）、能力目标（如专业技术能力、可迁移能力等）、素质目标（综合素质、职业素质等）、实践目标（如学生工作、实习、兼职）等。

然后将各种目标按照内在联系组合起来,以达到总体上实现目标的效果。第二,制订缩短差距的实施方案。找出目标差距所在,围绕缩短差距采取针对性的措施。

(五)反馈修正

为使职业生涯规划行之有效,需要结合实际情况不断对职业生涯规划的内容进行评估与修正,实时调整方案。对大学生来说,反馈修正的主要内容包括职业方向的重新选择、各阶段目标的修正、实施措施与计划的变更等。

第四节　生涯规划基本理论

一、人-职匹配理论

(一)帕森斯的特质-因素理论

这种理论是由美国职业指导专家弗兰克·帕森斯创立的,继而由威廉逊·佩特森发展成型,这是在西方国家最为古老而且应用范围最广的一种理论,在职业指导中一直处于主导地位,对世界各国影响较大。1908年帕森斯在波士顿创办职业指导局,这可以说是职业指导的起点。1909年,他出版《选择职业》一书,第一次系统阐述了科学的职业指导理论,即特质-因素理论。特质就是人的生理、心理特质或总称为人格特质,因素是指客观工作标准对人的要求。

根据特质-因素理论,在职业选择过程中,第一步,分析个人的特质,即评价个人的生理和心理特征;第二步,分析各种职业对人的要求;第三步,人-职匹配,个人在了解自己的特点和职业要求的基础上,选择一项既适合自己特点,又有可能获得的职业。

(二)霍兰德职业性向理论

美国约翰·霍普金斯大学心理学教授约翰·霍兰德于1971年提出了职业性向理论(Career orientation)。该理论源于人格心理学的概念和大量职业咨询的实践研究,霍兰德从整个人格角度考察职业的选择问题。其理论体系较为完整,也易于操作。在该理论中,霍兰德将人们的工作环境划分为六种,并将不同的职业归属到其中的一种工作环境之中。这六种环境分别是现实的、调查研究性的、艺术性的、社会性的、开拓性的和常规性的。霍兰德还将劳动者按个性及择业倾向也大致分为六种类型:现实型(Realistic Type)、研究型(Investigative Type)、艺术型(Artistic Type)、社会型(Social Type)、企业型(Enterprising Type)和常规型(Conventional Type)。我们可以把这些类型作为一种模型来衡量真实的人。一种职业环境能够吸引相应性向的人进入这种环境工作。这种职业性向包括价值观、兴趣、动机和需要,这些因素也决定了个体的择业倾向。个体发挥自身潜力、高效率工作的前提是两者的匹配。

二、职业发展阶段理论

职业生涯规划是一个动态的过程,不同职业生涯发展阶段对职业选择也存在着较大的影响。无论从人的心理自身的发展内在规律来看,还是从社会活动的变化加速对之产生的影响来看,人的职业心理总是处于一种动态的发展过程中,因而个性与职业的匹配不可能一次就可以完成。比较具有代表性的理论包括以下几种。

(一)施恩的职业锚理论

职业锚理论是由在职业生涯规划领域具有"教父"级地位的美国麻省理工学院斯隆商学院、美国著名的职业指导专家埃德加·H.施恩教授领导的专门研究小组在对该学院毕业生的职业生涯研究中演绎成的。

进入21世纪以来,影响大学生职业锚的主要因素是能力、动机与需求、价值观、兴趣爱好和职业性向。当代大学生应当结合自身因素寻找自己的职业锚,尽早做好职业定位,不断探索开发自身潜能,准确地把握求职就业方向,取得与自己能力相称的成就,塑造成功的人生。

（二）舒伯的发展阶段理论

美国著名职业生涯规划大师唐纳德·E.舒伯于1953年依照年龄将每个人生阶段与职业发展配合,将生涯发展阶段划分成成长、探索、建立、保持和衰退五个阶段,形成"成长—探索—建立—维持—衰退"的循环。

1. 成长阶段（出生～14岁）

这一阶段的儿童开始发展自我概念,尝试用各种不同的方式表达自己的需要,且经过对现实世界不断的认识来修饰自己的角色。该阶段发展的任务是：发展自我形象,形成对工作世界的正确认识,并了解工作的意义。

2. 探索阶段（15～24岁）

这一阶段的青少年通过学校的活动对自我的能力和角色会做一番探索,该阶段的发展任务是职业偏好逐渐具体化、确定化。此阶段共包括三个时期。

（1）试探期（15～17岁）,考虑需要、兴趣、能力及机会,做暂时的决定。

（2）过渡期（18～21岁）,青年学生开始接受专业训练或进入就业市场,更注重现实,职业目标更加确定。

（3）实验并稍作承诺（22～24岁）,职业发展规划初步确定。

3. 建立阶段(25～44岁)

经历过前一阶段的尝试后,该阶段青年逐渐确定自己在整个职业发展中的位置,并在31～40岁开始考虑如何保持这个位置。该阶段的发展任务是稳固并求升华,又可细分为两个时期:一是实验—承诺稳定期(25～30岁),个体追求稳定;二是建立期(31～44岁),大部分个体处于稳固的时期,往往因经验和资历而成绩显著。

4. 维持阶段(45～65岁)

个体仍希望继续维持既有的位置,同时会面临新入职同行的挑战,此阶段的发展任务是维持既有的成就。

5. 衰退阶段(65岁以上)

由于个体生理及心理机能日渐衰退,个体不得不面对现实,从参与到逐步引退。该阶段的任务是寻找新的方式满足成就感。

三、明尼苏达工作适应论

该理论起源于美国明尼苏达大学,由罗圭斯特和戴维斯提出的强调入境符合的心理学理论,简单来说就是只有当工作环境能满足个人的需求(内在满意),个人也能满足工作的技能要求(外在满意)时,个人在该工作领域才能够得到持久发展。

该理论不再强调选择、强调适应,而是强调入境符合的适应论,认为选择职业或生涯发展固然重要,但就业后的适应问题更值得注意。尤其对障碍者而言,在工作上能否持续稳定,对其生活信心、与未来发展都是重要的课题。基于此种考虑,戴维斯等人从工作适应的角度,分析适应良好与否的因素。

每个人都会努力寻求个人与环境之间的适配性,当工作环境能满足个人的需求(satisfaction),又能顺利完成工作上的要求

(satisfactoriness)时,符合程度随之提高(图1-2)。

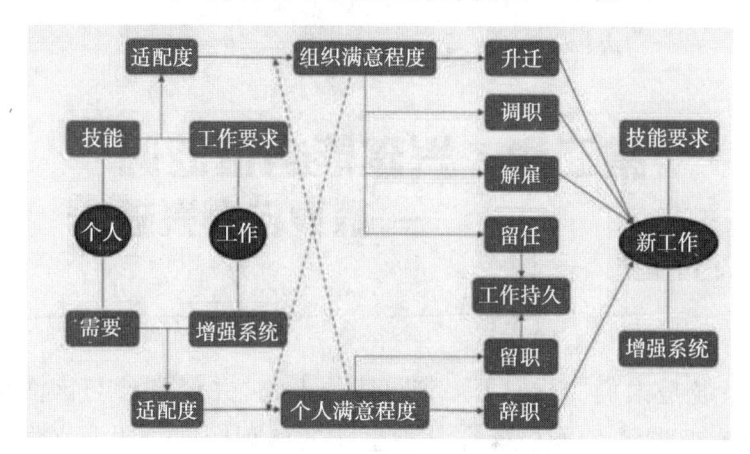

图1-2 明尼苏达工作适应论

不过个人与工作之间存在互动的关系,符合与否是互动过程的产物,个人的需求会变,工作的要求也会随时间或经济情势而调整,如个人能努力维持其与工作环境间符合一致的关系,则个人工作满意度越高,在这个工作领域也越能持久。

第二章　兴趣能当饭吃吗
——探索自我兴趣

兴趣是人们力求认识、掌握某种事物,并经常参与该活动的心理倾向,是人们积极探究某种事物的认识倾向。职业兴趣是一个目标管理的过程,探索职业兴趣不是单纯依靠学校的学习过程获得的,更多是潜于在社会活动中。简单地从优势学科中去探讨职业兴趣,往往是不得其解的。职业兴趣必须接受价值观的考验才能明确其倾向的适应度。发现自己的职业兴趣,不仅能促使学生获得目标管理能力,还能督导学生培养自己的专业习惯,以应对未来的职业需要。早期获得职业兴趣方向,就能规避日后就业过程中的盲目性和不稳定性,早日进入职业发展阶段,成为自我满意的人。

第一节　兴趣的定义

兴趣是人们最好的老师,它可以使人集中精力做事情。如果可以从事自己感兴趣的职业,人们就更能够全身心地投入工作、探索工作,在自己的工作岗位取得更大的成绩。

兴趣,是个体对特定的事物、活动及人为对象,所产生的积极的和带有倾向性、选择性的态度和情绪。

兴趣的产生和发展有一个过程:先是有趣,它常与个体对事物的新奇感相联系;之后是乐趣,是在有趣定向发展的基础上形成的；再是志趣,当乐趣同个体的社会责任感、理想、奋斗目标结合时,乐趣便成了志趣,而志趣是取得成就的动力。

兴趣是职业选择的重要依据,是取得职业成就的动力,是成功的重要保证。兴趣是事业的先导,是人积极探究某种事物的认识倾向,是人获得知识的巨大动力。我们说的"干一行,爱一行,钻一行",就是从兴趣入手,培养对所从事专业的兴趣,热爱本职,努力钻研其中的知识,并最终在平凡的岗位上做出成绩。

第二节 Holland 职业兴趣理论

很多学者编制了各种各样的问卷来测量职业兴趣。目前在国内影响最大、应用范围最广的是霍兰德职业兴趣测验。

约翰·霍兰德(John Holland)于1959年提出了具有广泛社会影响的人业互择理论。该理论认为人的人格类型、兴趣与职业密切相关,兴趣是人们活动的巨大动力,凡是具有职业兴趣的职业,都可以提高人们的积极性,促使人们积极地、愉快地从事该职业,且职业兴趣与人格之间存在很高的相关性。这一理论首先根据劳动者的心理素质和择业倾向,将劳动者划分为六种基本类型,相应的职业也划分为六种类型:现实型、研究型、艺术型、社会型、企业型和常规型。

一、霍兰德基本的理论假设

霍兰德兴趣测验的理论基础主要由四个基本假设组成。

(1)职业兴趣类型可以分为六种。大部分人都能归纳为六种职业兴趣类型中的一种。

(2)工作环境类型也可以分为六种。这些不同的环境分别由不同职业兴趣类型的人所组成,其名称及性质与职业兴趣类型的分类一致。

（3）人们都尽量寻找那些符合自己职业兴趣、让自己的能力充分发挥、让自己愉快的职业。例如，一个现实型的人会尽力去寻找现实型的职业。

（4）一个人的行为表现是兴趣和环境相互作用的结果。如果一个人能清楚地界定自己的兴趣类型，能敏锐地辨别环境类型，他就可以预测自己的职业选择、工作变换、教育及社会行为等。

二、霍兰德的六种职业兴趣类型

霍兰德将职业兴趣归纳为六种类型：现实型（R）、研究型（I）、艺术型（A）、社会型（S）、企业型（E）和常规型（C）（表2-1）。

表2-1　霍兰德职业兴趣表

职业兴趣类型	职业兴趣特征	匹配的职业领域
现实型 （Realistic）	一般具有技术与运动取向，相对具有较强的身体技巧和机械的协调能力，对于机械和物体显示出强烈的关注。他们稳重、实际，喜欢从事规则明确的活动和技术性工作，甚至非常狂热地自己动手创造新事物。他们缺乏人际交流的技巧，对人事管理和监督工作不太感兴趣	需要熟练技能方面的职业；动植物管理方面的职业；机械管理方面的职业；手工艺或机械修理、机械操作等职业
研究型 （Investigative）	对于理论思维和数理统计具有浓厚的兴趣，对于解决抽象性的问题具有极大的热情。他们倾向于通过思维分析解决复杂的问题，喜欢具有创造性、挑战性的工作。他们不会主动去做人员领导或人际交流工作，独立倾向明显	分析员、设计师、生物学家等
艺术型 （Artistic）	对于创造性的、想象的、具有自我表现空间的工作显示出明显的偏好。他们创造倾向明显，对于结构化程度较高的职业及环境都不太喜欢，对机械性及程式化的工作缺乏兴趣，比较喜欢独立行事	美术雕刻、工艺工作、舞蹈、戏剧等
社会型 （Social）	乐于从事人际交流工作。通常他们的语言能力优于数理能力，善于言谈，乐于帮助别人，具有人道主义倾向和强烈的责任心。他们习惯于通过和别人商讨或调整人际关系来解决面临的问题，对于以机械和物品为对象的工作没有兴趣	学校教育和社会教育方面的工作、社会福利事业、医疗与保健方面的工作、商品营销工作等

续表

职业兴趣类型	职业兴趣特征	匹配的职业领域
企业型 （Enterprising）	追求高出平均水平的收入，喜欢利用权力、关系、地位，希望成就一番事业。企业型的人通常精力充沛、自负、热情、自信，具有冒险精神，能控制形势，擅长表达和领导。他们大多会在政治或经济领域取得成就	商业管理者、律师、推销商、市场经理或销售经理、体育运动策划者、电视制片人和保险代理等
常规型 （Conventional）	更愿意在一个大的机构中处于从属地位、跟随大流。大多具有细心、顺从、依赖、有序、有条理、有毅力、效率高等特征。他们多擅长文书或数据工作，通常会在商业事务性工作中取得成就	会计、银行出纳、图书管理员、秘书、档案、税务等

三、霍兰德的六种职业环境类型

20世纪70年代初，考虑到个体行为的解释与预测应结合其所处环境的特点，霍兰德将职业环境分为六种模式。

霍兰德提出了六种职业环境类型，并采用了与六种兴趣类型相同的命名。霍兰德认为，一种职业环境就是一种职业氛围，而这种职业氛围又是由具有类似职业兴趣的人所创造出来的特定环境，它具有特定的价值观念、态度倾向和行为模式。这六种类型在不同的职业和环境中都或多或少地存在着，只是其中的两三种会占据主导地位。如果人格类型与职业环境适配，就有取得令人满意结果的可能，如增加职业满意度、带来职业成就感和提高职业稳定性等。

（一）现实型的职业环境

通常是那些对物体、工具、机器、动物等进行操作的工作。从事现实型职业的人通常具有现实型的人格特质。他们大多是现实的、机械的，并具有传统的价值观，倾向于用简单、直接的方式来处理问题，也用他们的机械和技术能力来进行生产。

(二)研究型的职业环境

通常是指那些对物理学、生物学或文化知识进行研究和探索的职业。从事这一行业的人通常具有研究型的人格特质,他们大多是有学问的、聪明的,他们取得成就的方式主要是证明他们的科学价值,这样的人一般会以复杂、抽象的方式看待世界,并倾向于用理性和分析的方式来处理问题。

(三)艺术型的职业环境

通常指那些进行艺术、文学、音乐和戏剧创作的职业。从事这一职业的人通常具有艺术型的人格特质。他们大多擅长表达,富有创造力,直觉能力强,不随大流,独立性强。他们通常以展示自己的艺术价值来获取成就,以复杂的和非传统的方式来看待世界,与他人交往更富于情感和表达。

(四)社会型的职业环境

主要是那些与人打交道的工作,如教导、培训、发展、治疗或启发人的心智等。从事这一类职业的人通常具有社会型的人格特质。他们通常助人为乐、易于合作、善解人意、灵活而随和。他们取得成就的方式通常是展示自己的社会价值,并常常以友好、合作的方式来与人相处。

(五)企业型的职业环境

主要是指那些通过控制、管理他人而达到个人或组织的目的的职业。从事这一职业的人通常具有企业型的人格特质。他们一般具有领导和演说才能,通过展示自己的金钱、权力、地位等来获取成就,常常依据权力、地位、责任等来衡量外界事物,并通过控制的方式来处理问题。

(六)常规型的职业环境

通常是指那些对数据进行细致有序的系统处理的工作,如录入、档案管理、信息组织和工作机器操作等。从事这一职业的人通常具有常规型的人格特质。他们通常整洁有序,擅长文书工作,一般会在适应性和依赖性的工作中获取成就。他们通常以传统的和依赖的态度看待事物,并以认真、现实的方式来处理问题。

四、霍兰德的职业兴趣类型与职业环境类型之间的关系

霍兰德的理论体系认为,某一类型的职业通常会吸引具有相同人格特质的人,而具有相同人格特质的人对许多生活事件的反应模式也是相似的。他们创造了具有某一特色的生活环境,也包括工作环境。霍兰德认为,在同等条件下,人和环境的适配性或一致性将增加个体的工作满意度、职业稳定性和职业成就感。

霍兰德设计出了六边形模型来解释六种职业环境之间的关系。在六边形模型上,任何两种职业类型之间的距离越近,其职业环境的相似度就越高(图2-1)。

这个六边形模型亦可以用来解释六种职业兴趣之间的关系。任何两种职业兴趣之间的距离越近,其相似度就越高。个体可能同时具备多方面的兴趣特征,不过会有一种占优势,其他相对较弱。六种职业兴趣类型(R、I、A、S、E、C)按顺时针方向排成环形。两种兴趣类型间有相邻、相对、相隔三种关系。其中,相邻职业兴趣类型间的关系最紧密,共同点较多;相对的兴趣类型间的共同点较少。

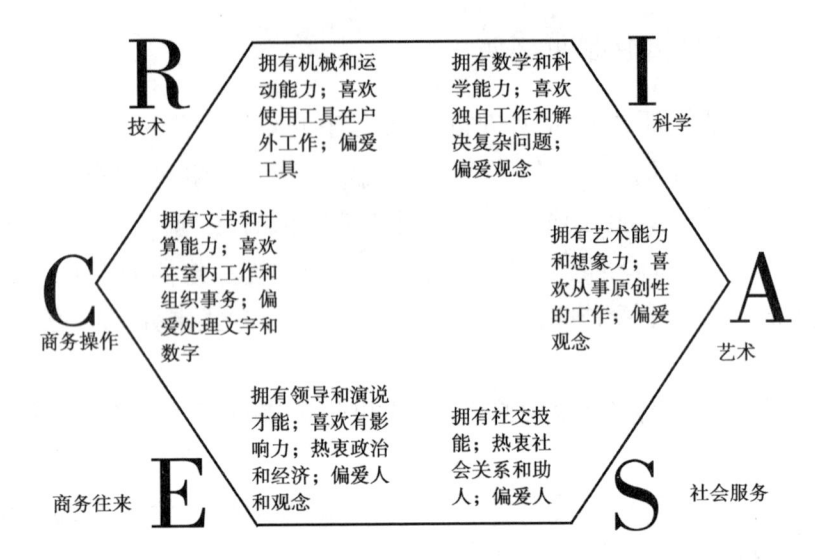

图 2-1　霍兰德的六边形模型

第三节　兴趣与生涯发展的关系

当人们的兴趣对象指向职业活动时,就形成了人的职业兴趣。

职业兴趣主要是回答"我喜欢什么"的问题。职业兴趣对人的职业活动有着重要的影响,一份符合自己兴趣的工作常常能够给自己带来愉悦感、满足感。在选择职业时,人们总会将自己是否对此有兴趣作为考虑因素之一。从感到有兴趣开始,到逐渐形成更加稳定、持久的乐趣,进而与自己的奋斗目标相结合,形成有着明确方向感和意志性的志趣,这是人的兴趣发展的过程。

从事自己感兴趣的职业活动时,可以激发出强烈的探索和创造热情,可以在良好的体能、智能、情绪状态之下从事有意义的职业活动,从而心甘情愿地全身心地投入。此外,从事自己感兴趣的职业活动可以使人比较容易适应变化的职业环境,可以使人在追求职业目标时表现出坚定持久的意志力。由此可见,职业兴趣是个人在进行职业选择时必须考虑的重要因素之一。

具体来说,兴趣对人们职业生涯的影响主要表现在以下三个方面。

一、兴趣是人们职业选择的重要依据

兴趣是最好的老师,这句至理名言无论是对于学习、工作,还是对于择业来说都有一定的指导作用。正像人们在日常生活中喜欢参加自己感兴趣的活动一样,一定兴趣类型的人更倾向于寻求与此有关的职业,特别是在外界环境限制较小时,人们都会选择自己感兴趣的职业。因此,对个人的兴趣类型有了正确的评估后,就能帮助人们进行正确的职业选择。

二、兴趣可以提高工作的效率

兴趣可以通过工作动机促进个人能力的发挥,兴趣和能力的合理结合能大大提高工作效率。研究表明:如果一个人从事自己感兴趣的职业,就会发挥他的全部才能的80%~90%,而且长时间保持高效率却不感疲惫;而对所从事的工作没有兴趣,只能发挥其全部才能的20%~30%。正如诺贝尔奖获得者丁肇中教授所说:"任何科学研究,最重要的是要看对自己所从事的工作有没有兴趣。换句话说,也就是有没有事业心,这不能有丝毫的强迫。比如搞物理实验,因为我有兴趣,我可以两天两夜,甚至三天三夜待在实验室里,守在仪器旁,我迫切地需要我所要探索的东西。"

三、兴趣是保证职业成功的重要因素之一

兴趣影响一个人的工作满意度和稳定性。一般来说,从事自己不感兴趣的职业很难让人感到满意,容易导致工作不稳定。古往今来的一些成功人士,他们的职业选择大都是建立在兴趣的

基础之上，如我国著名的戏剧家曹禺在中学时就热衷于看文明戏和京剧，最后成为我国著名的戏剧家；世界女子乒乓球冠军邓亚萍也是从小就爱上了乒乓球，最后成为世界乒坛的风云人物。这样的事例很多，都说明了兴趣可以引导人们攀登到事业的顶峰。

第三章　遇见个性的自己
——探索个人性格

性格是一个人对现实的稳定态度和习惯化的行为方式，是一个十分复杂的心理现象，是人与人之间个性差异的核心体现，同时也是职业生涯探索中的一个重要部分。性格有时会让人不知不觉地走入困境，性格有时又会使人顺利而较轻松地走向辉煌的成功。修炼改善性格，而不是改造性格。进一步看清自己的性格，做自己的好朋友；看清对方，做到真正的理解和宽容——实际上，成长的魅力从这里就已经开始了。

第一节　性格的定义

一、性格的概念

性格是指人们对现实的稳定态度和习惯化行为方式的总和，表现为个体独特的心理特征。性格是在社会生活中逐渐形成的（尤其是早年的生活），同时也受个体的生物因素影响。我们经常说的"江山易改，禀性难移"中的"禀性"实际上指的就是性格。大多数情况下，性格不会因为环境和面对的人的变化而变化。

性格与人格、气质、个性等既有联系又有区别。人格（personality）原意为希腊语里的面具（persona），是一个人在智商、教育、文化背景、经历等生长环境作用下，对"信息搜集"和"决定形成"所采取的有意识的、主观的一贯反应,是人们为了适应环境而习得的,是在特定环境下表现出来的态度和行为方式,具有相对的稳定性。

气质是个人生来就具有的心理活动的典型而稳定的动力特征,是人格的先天基础。我们这里说的心理学里的气质是天生的、不可改变的,完全取决于先天的遗传。生活中所说的气质是指人在特定的社会文化背景下所表现出来的综合素养。

个性是一个人在思想、性格、品质、情感、态度等方面不同于他人的特质。我们每个人都有自己独特的个性,也就是说,每个人看问题、处理事情的风格、方式也不同。有的人热情爽朗;有的人沉稳持重;有的人风风火火;有的人谨慎……但"金无足赤,人无完人",一个人在某方面有所不足,其他方面必有过人之处,说不定就是你制胜的法宝。总之,个性是气质、性格、人格共同作用的产物。如图 3-1。

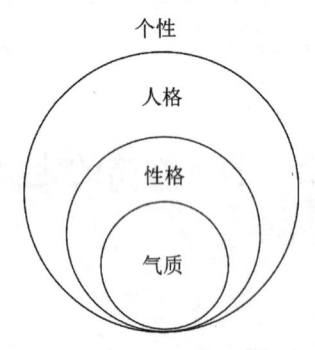

图 3-1 个性与气质、性格、人格的关系

天生的因素和过去的因素决定了一个人现在的性格。天生的因素无法改变,但是了解那些影响我们命运的天生因素,能够帮助我们在做选择时顺应天性。已经过去的因素无法改变,但是了解这些可以控制的因素,能够帮助我们塑造自己的性格和未来。

职业性格是一个人对职业的稳定态度和在职业活动中习惯化了的行为方式所表现出来的个性心理特征,对个人的职业生涯规划有重要意义。心理学家认为,人的性格与职业适应性有着密切的关系。如果一个人的性格与所从事的职业很相符,就可能在事业上获得成功。反之,则会使从业者的心理健康受到损害,甚至会妨碍其事业的成功。人的性格通过教育也是可以改变的,在学习知识、技能的同时,如果也能注意塑造自己良好的性格,将有助于个人的健康发展。

二、性格的特征

性格是一个复杂而完整的系统,它是由各种性格特征独特而有机的结合构成的。每个不同个体的性格都具有不同的性格特征,概括来说,性格的特征主要包括以下几方面。

(一)社会性特征

性格从其形成和表现的形式上看,既受社会历史的制约,又受个人生理特征的影响。个体的性格不是一朝一夕形成的,而是长期受到家庭、学校和社会等后天环境的影响,逐步形成的。因此性格具有强烈的社会烙印。

(二)独特性特征

性格的独特性是指人与人之间的心理和行为是各不相同的。性格特征组合结构的多样性,使每个人的性格都有自己的特点。即便是同卵双生子,性格也存在微妙的差异。同是沉默寡言的特征,有的人冷眼看世界,不是知音不与谈;有的人胸无点墨,故作高深。

需要注意的是,强调性格的独特性并不是要排除性格的共同性。性格的共同性是指由于受共同的社会文化影响,同一民族、同一地区、同一阶层、同一群体的个体之间具有的共同典型心理特点。例如,受儒家文化的影响,全世界的华人都有不少相同的性格特征。因此,性格是独特性和共同性的统一。

(三)整体性特征

性格的整体性是指构成性格的各种特征,如态度特征、意志特征、情绪特征、理智特征等在一个现实的个人身上的统一,它们并不是孤立存在的,而是密切联系,构成一个完整的功能系统。正像汽车那样,要它顺利运行,各部分必须协调一致,朝着一定的目标,作为一个整体而运作。

(四)稳定性特征

性格的稳定性是指个体的性格特征经常地、一贯地表现在心理和行为方面。例如,一个人只有经常地、一贯地表现得冷静、理智、处事有分寸,我们才能说这个人具有"自制"的性格特征。至于他偶尔表现出的冒失、轻率,则不是他的性格特征。性格一旦形成,不会轻易改变。由于个性具有稳定性,因而我们可以从一个人儿童时期的性格特征推测其成人后的性格特征。

需要注意的是,性格的稳定性并不意味着性格在人的一生中是一成不变的,随着生理的成熟和环境的改变,性格也可能或多或少地变化。如社会地位和经济地位的重大改变、丧偶、迁居异地等,往往会使一个人的性格发生较大的甚至彻底的改变。

三、性格的类型

依据不同的划分标准,可以把性格分为不同的类型,主要有以下几种。

(一)从心理机能上对性格进行划分

按照理智、意志、情绪三种心理机能中哪一种占优势,性格可分为理智型、情绪型和意志型。理智型人通常以理智来衡量和支配自己的行动,处事冷静,与人交往时明事理、讲道理;情感型人情绪体验深,行动会受情绪左右,容易感情用事;意志型人具有较明确的活动目标,行为活动具有目的性、主动性、持久性和坚定性,有较强的控制能力。

(二)从心理活动倾向性上对性格进行划分

从心理活动倾向性上划分,性格可分为内向型和外向型。内向型的人偏重主观世界,感情深沉,待人接物较谨慎小心,处理事物缺乏决断力,一般较难适应环境的变化,但一旦下定决心总能锲而不舍;外向型的人心理活动倾向于外部,活泼、开朗,待人接物果断,而且容易适应环境的变化,但比较轻率。

(三)从个体独立性上对性格进行划分

从个体独立性上划分,性格可分为独立型和顺从型。独立型的人通常有主见,不易受环境暗示;顺从型的人容易受环境暗示,行动与环境相依赖,缺乏主见,缺乏果断性。在日常生活中,大多数人的性格是处于这两个极端性格类型中间的。

另外,从个人竞争性上对性格进行划分,性格可分为优越型与自卑型;从人的生活方式上对性格进行划分,性格可分为理论型、经济型、审美型、社会型、权力型和宗教型等。

第二节 MBTI性格测评的维度

MBTI的理论是以瑞典心理学家卡尔·荣格(Carl Jung)关于知觉、判断和人格态度的观点为基础发展而来的。凯瑟琳·布里格斯(Katharine Cook Briggs)和她的女儿伊莎贝尔·布里格斯·迈尔斯(Isabel Briggs Myers)进一步拓展了该理论,被称为迈尔斯-布里格斯类型指标(Myers-Briggs Type Indicator),即MBTI,形成目前广泛应用的性格结构。

一、第一维度——能量获得途径：外向型（Extroversion）-内向型（Introversion）

（1）力比多的倾向。
（2）获得及发泄心理能量的方向。
（3）个体与外界相互作用的程度。

性格类型的第一维度与我们对周围世界的互动有关，解释能量释放到何处，其特点分别描述如表3-1所示。

表3-1 性格类型的第一维度

维度	倾向性	具体表现	特点
E-I维度能量倾向：你更喜欢将自己的注意力集中于何处？你从何处获得活力？	外向 Extroversion（E）	注意力和能量主要指向外部世界的人和事，从思想、回忆和情感的反思中得到活力	·关注外部环境 ·喜欢用谈话的方式进行沟通 ·通过谈话形成自己的意见 ·用实际操作或讨论的方式能学得最好 ·兴趣广泛 ·好与人交往，善于表达 ·先行动，后思考 ·在工作和人际关系中都很积极主动
	内向 Introversion（I）	注意力和能量集中于自己的内心世界，从而从与人交往和行动中得到活力	·关注自己的内心世界 ·更愿意用书面方式沟通 ·通过思考形成自己的意见 ·用思考、在头脑中"练习"的方式学得最好 ·兴趣专注 ·安静而显得内向 ·先思考，后行动 ·当情境或事件对他们具有重要意义时会采取主动

二、第二维度——注意力的指向：感觉型（Sensation）-直觉型（Intuition）

（1）个体在收集信息时注意力的指向。
（2）个体接受信息的方式。

性格类型的第二维度与我们平时注意的信息有关，有一些人注重事实,其他人则注重愿望。性格测评第二维度的特点如表3-2所示。

表 3-2 性格类型的第二维度

维度	倾向性	具体表现	特点
S-N维度 接受信息: 你如何获取 信息?	感觉 Sensation （S）	用自己的五官来获取信息。喜欢收集实实在在的、确实已出现的信息。对于周围所发生的事件观察入微,特别关注现实	·着眼于当前的实际情况 ·现实、具体 ·关注真实的、实际存在的事物 ·观察敏锐,并能记住细节 ·经过仔细周详的推理一步步得出结论 ·通过实际运用来理解抽象的思维和理论 ·相信自己的经验
	直觉 Intuition （N）	通过想象、无意识等超越感觉的方式来获取信息。喜欢看整个事件的全貌,关注事实之间的关联。想要抓住事件的模式,特别善于看到新的可能性	·着眼于未来的可能 ·富于想象力和创造性 ·关注数据所代表的模式和意义 ·当细节与某一模式相关时才能够记得 ·靠直觉很快得出结论 ·希望在应用理论之前先能对之进行澄清 ·相信自己的灵感

三、第三维度——决策判断方式:思考型(Thinking)-情感型(Feeling)

（1）做决定或下结论的方式。
（2）做决定或下结论的主要依据。

性格类型的第三维度涉及我们做决定和结论的方式,其特点如表3-3所示。

四、第四维度——采取行动方式:判断型(Judging)-知觉型(Perceiving)

（1）个体完成任务而采取的行动方式。
（2）个体喜好的生活方式。

性格类型的第四维度所关注的,是一个人更愿意有条理还是随意地生活,其特点如表3-4所示。

表3-3 性格类型的第三维度

维度	倾向性	具体表现	特点
T-F维度 处理信息: 你是如何做 决定的?	思考 Thinking （T）	通过分析某一行动或选择的逻辑后果来做出决定。会将自己从情境中分离出来,对事件的正反两方面进行客观的分析。从分析和确认事件中的错误并解决问题中获得活力。目标是要找到一个能应用于所有相似情境的标准或原则	·好分析 ·运用因果推理 ·以逻辑的方式解决问题 ·寻求一个合乎真理的客观标准 ·爱讲理的 ·可能显得不近人情 ·公平意味着每个人都能得到平等的待遇
	情感 Feeling （F）	喜欢考虑对自己和他人来说什么是重要的。会在头脑中将自己放在情境所牵涉的所有人的位置上并试图理解别人的感受,然后在此基础上根据自己的价值判断做出决定。从对他人表示赞赏和支持中获得活力。目标是创造和谐的氛围,把每一个人都当作一个独特的个体来对待	·善于体贴他人、感同身受 ·受个人价值观的引导 ·衡量决定对他人产生的后果和影响 ·寻求和谐的气氛和积极的人际交往 ·富于同情心 ·可能会显得心肠太软 ·公平意味着每个人都被作为独特的个体来对待

表3-4 性格类型的第四维度

维度	倾向性	具体表现	特点
J-P维度 行动方式: 你如何与 外部世界 打交道?	判断 Judging （J）	喜欢将事情管理得井井有条,过一种有计划的、井然有序的生活。喜欢做出决定,完成后继续下面的工作。生活通常会比较有规划、有秩序,喜欢把事情敲定下来。照计划和日程安排办事对他们来说很重要。从完成任务中获得能量	·有计划 ·喜欢组织管理自己的生活 ·有系统有计划 ·按部就班 ·爱制订短期和长期计划 ·喜欢把事情落实敲定 ·力图避免最后一分钟才做决定或完成任务的压力
	知觉 Perceiving （P）	喜欢以一种灵活、自发的方式生活,更愿意去体验和理解生活而不是去控制它。详细的计划或最后决定会使他们感到被束缚。愿意对新的信息和选择保持开放,直到最后一分钟。足智多谋,善于调节自己适应当前场合的需要,并从中获得能量	·自发 ·灵活 ·随意 ·开放 ·适应,改变方向 ·不喜欢把事情确定下来,以留有改变的可能性 ·最后一分钟的压力会使他们感到活力充沛

关于 MBTI 的效度、信度及效果的研究，目前还未形成定论。MBTI 的参与者认为它能有效地改变自身的行为，MBTI 的分数值与所从事的职业有关。对美、英、拉美、日本的管理人员 MBTI 分数的分析表明，大多数管理人员具有某些共同的个性类型，如 ISTJ、INTI、ESTJ 或 ENTJ 等。

第三节　性格测评与解析

每一个人的性格都可以用四类基本性格类型来划分。

一、"传统主义者"（SJ 型）：偏好感觉和判断

（一）ISTJ 型：内向 + 感觉 + 思维 + 判断

做事沉静、认真、贯彻始终，得人信赖而取得成功；讲求实际，注重事实，有责任感；能够合情合理地去决定应做的事情，而且坚定不移地把它完成，不会因外界事物而分散精神；以做事有次序、有条理为乐，不论在工作上，家庭上或者生活上，重视传统和忠诚。

适合的领域有：工商业领域、金融银行业、政府机构、技术领域、医务领域。

适合的职业有：审计员、后勤经理、信息总监、预算分析员、工程师、计算机程序员、证券经纪人、地质学者、医学研究者、会计、文字处理专业人士等。

（二）ESTJ 型：外向 + 感觉 + 思维 + 判断

讲求实际，注重现实，注重事实；果断，很快做出实际可行的决定；善于将项目和人组织起来将事情完成，并尽可能以最有效率的方法达到目的；能够注意日常例行工作的细节；有一套清晰的逻辑标准，有系统性地遵循，并希望他人也同样遵循；会以较强硬的态度去执行计划。

适合的领域有：无明显领域特征。

适合的职业有：银行官员、项目经理、数据库经理、信息总监、后勤与供应经理、业务运作经理、证券经纪人、电脑分析人员、保险代理、普通承包商、工厂主管等。

（三）ISFJ 型：内向 + 感觉 + 情感 + 判断

沉静、友善、有责任感、谨慎；能坚定不移地承担责任；做事贯彻始终、不辞劳苦、准确无误；忠诚、替人着想、细心；能够记住他所重视的人的种种微小事情，关心别人的感受；努力创造一个有秩序、和谐的工作和家居环境。

适合的领域有：领域特征不明显，较相关的如医护领域、消费类商业、服务业领域。

适合的职业有：人事管理人员、电脑操作员、顾客服务代表、信贷顾问、零售业主、房地产代理或经纪人、艺术人员、室内装潢师、商品规划师、语言病理学者等。

（四）ESFJ 型：外向 + 感觉 + 情感 + 判断

有爱心、有责任心、善于合作；希望周边的环境温馨而和谐，并为此果断地营造这样的环境；喜欢和他人一起精确并及时地完成任务；忠诚，即使在细微的事情上也如此；能体察到他人在日常生活中的所需并竭尽全力帮助；希望自己和自己的所为能受到他人的认可和赏识。

适合的领域有：领域特征不明显。

适合的职业有：公关客户经理、个人银行业务员、销售代表、人力资源顾问、零售业主、餐饮业者、房地产经纪人、营销经理、电信营销员、接待员、信贷顾问、簿记员等。

二、"经验主义者"（SP型）：偏好感觉和知觉

（一）ISFP型：内向＋感觉＋情感＋知觉

沉静、友善、敏感和仁慈；欣赏目前和周遭所发生的事情；喜欢有自己的空间，做事能把握自己的时间；忠于自己的价值观，忠于自己所重视的人；不喜欢争论和冲突，不会强迫别人接受自己的意见或价值观。

适合的领域有：手工艺、艺术领域、医护领域、商业、服务业领域等。

适合的职业有：优先客户销售代表、行政人员、商品规划师、测量师、海洋生物学者、厨师、室内风景设计师、旅游销售经理、职业病理专业人员等。

（二）ESFP型：外向＋感觉＋情感＋知觉

外向、友善、包容；热爱生活、人类和物质上的享受；喜欢与别人共事；在工作上，讲究常识和实用性，注意现实的情况，使工作富趣味性；富灵活性、即兴性，自然不做作，易接受新朋友和适应新环境；与别人一起学习新技能可以达到最佳的学习效果。

适合的领域有：消费类行业、服务业、广告业、娱乐业、旅游业、社区服务等。

适合的职业有：攻关专业人士、劳工关系调解人、零售经理、商品规划师、团队培训人员、旅游项目经营者、表演人员、特别事件协调人、社会工作者、旅游销售经理、融资者、保险代理/经纪人等。

（三）ISTP型：内向＋感觉＋思维＋知觉

容忍、有弹性，是冷静的观察者，但当有问题出现时，便迅速行动，找出可行的解决方法；能够分析哪些东西可以使事情进行

顺利,又能够从大量资料中找出实际问题的重心;很重视事件的前因后果,能够以理性的原则把事实组织起来,重视效率。

适合的领域有:技术领域、证券、金融业、贸易、商业领域、户外运动、艺术等。

适合的职业有:证券分析员、银行职员、管理顾问、电子专业人士、技术培训人员、信息服务开发人员、软件开发商、海洋生物学者、后勤与供应经理、经济学者等。

(四)ESTP型:外向+感觉+思维+知觉

灵活、忍耐力强、实际、注重结果;觉得理论和抽象的解释非常无趣;喜欢积极地采取行动解决问题;注重当前,自然不做作,享受和他人在一起的时刻;喜欢物质享受和时尚;学习新事物最有效的方式是通过亲身感受和练习。

适合的领域有:贸易、商业、某些特殊领域、服务业、金融证券业、娱乐、体育、艺术。

适合的职业有:企业家、业务运作顾问、个人理财专家、证券经纪人、银行职员、预算分析者、技术培训人员、综合网络专业人士、旅游代理、促销商、手工艺人、新闻记者、土木/工业/机械工程师等。

三、"理想主义者"(NF型):偏好直觉和情感

(一)INFJ型:内向+直觉+情感+判断

寻求思想、关系、物质等之间的意义和联系;希望了解什么能够激励人,对人有很强的洞察力;有责任心,坚持自己的价值观;对于怎样更好地服务大众有清晰的远景;在目标的实现过程中有计划而且果断坚定。

适合的领域有:咨询、教育、科研等领域。

适合的职业有:人力资源经理、事业发展顾问、营销人员、企业组织发展顾问、职业分析人员、企业培训人员、媒体特约规划

师、编辑、艺术指导、口译人员、社会科学工作者。

（二）ENFJ型：外向＋直觉＋情感＋判断

温情、有同情心、反应敏捷、有责任感；非常关注别人的情绪、需要和动机；善于发现他人的潜能，并希望能帮助他们实现；能够成为个人或群体成长和进步的催化剂；忠诚，对赞美和批评都能做出积极的回应；友善、好社交；在团体中能很好地帮助他人，并有鼓舞他人的领导能力。

适合的领域有：培训、咨询、教育、新闻传播、公共关系、文化艺术。

适合的职业有：人力资源开发培训人员、销售经理、小企业经理、程序设计员、生态旅游业专家、广告客户经理、公关专业人士、协调人、交流总裁、作家、记者、非营利机构总裁等。

（三）INTJ型：内向＋直觉＋思维＋判断

在实现自己的想法和达成自己的目标时有创新的想法和非凡的动力；能很快洞察到外界事物间的规律并形成长期的远景计划；一旦决定做件事就会开始规划并直到完成；多疑、独立，对于自己和他人能力和表现的要求都非常高。

适合的领域有：科研、科技应用、技术咨询、管理咨询、金融、投资领域、创造性行业。

适合的职业有：管理顾问、经济学者、国际银行业务职员、金融规划师、运作研究分析人员、信息系统开发商、综合网络专业人员等。

（四）ENTJ型：外向＋直觉＋思维＋判断

坦诚、果断，有天生的领导能力；能很快看到公司/组织程序和政策中的不合理性和低效能性，发展并实施有效和全面的系统来解决问题；善于做长期的计划和目标的设定；通常见多识广，博览群书，喜欢拓宽自己的知识面并将此分享给他人；在陈述自己的想法时非常强而有力。

适合的领域有：工商业、政界、金融、投资、管理咨询、培训、专业性领域。

适合的职业有：人事/销售/营销经理、技术培训人员、后勤/电脑信息服务和组织重建顾问、国际销售经理、特许经营业主、程序设计员、环保工程师等。

四、"概念主义者"（NT型）：偏好直觉和思考

（一）INFP型：内向+直觉+情感+知觉

理想主义者，忠于自己的价值观及自己所重视的人；外在的生活与内在的价值观配合，有好奇心，很快看到事情的可行性与否，能够加速对理念的实践；试图了解别人、协助别人发展潜能；适应力强，有弹性，如果和他们的价值观没有抵触，往往能包容他人。

适合的领域有：创造性、艺术类教育、研究、咨询类等。

适合的职业有：人力资源开发专业人员、社会科学工作者、团队建设顾问、编辑、艺术指导、记者、口译人员、娱乐业人士、建筑师、研究工作者、顾问、心理学专家等。

（二）ENFP型：外向+直觉+情感+知觉

热情洋溢、富有想象力，认为生活充满很多可能性；能很快地将事情和信息联系起来，然后很自信地根据自己的判断解决问题；很需要别人的肯定，又乐于欣赏和支持别人；灵活、自然不做作，有很强的即兴发挥能力，言语流畅。

适合的领域有：未有明显的限定领域。

适合的职业有：人力资源经理、变革管理顾问、营销经理、企业/团队培训人员、广告客户经理、战略规划人员、宣传人员、事业发展顾问、环保律师、研究助理、广告撰稿员、播音员、开发总裁等。

（三）INTP 型：内向 + 直觉 + 思维 + 知觉

对任何感兴趣的事物，都要探索一个合理的解释；喜欢理论和抽象的事情，喜欢理念思维多于社交活动；沉静、满足、有弹性、适应力强；在他们感兴趣的范畴内，有非凡的能力去专注而深入地解决问题；有怀疑精神，有时喜欢批判，常常善于分析。

适合的领域有：计算机技术理论研究、学术、专业、创造性领域等。

适合的职业有：电脑软件设计师、系统分析人员、研究开发人员、战略规划师、金融规划师、信息服务开发商、变革管理顾问、企业金融律师等。

（四）ENTP 型：外向 + 直觉 + 思维 + 知觉

反应快、睿智，有激励别人的能力，警觉性强、直言不讳；在解决新的、具有挑战性的问题时机智而有策略；善于找出理论上的可能性，然后再用战略的眼光分析；善于理解别人；不喜欢例行公事，很少会用相同的方法做相同的事情，倾向于一个接一个地发展新的爱好。

适合的领域有：投资顾问、项目策划、投资银行、自我创业、市场营销、创造性领域、公共关系、政治等。

适合的职业有：人事系统开发人员、投资经纪人、工业设计经理、后勤顾问、金融规划师、投资银行职员、营销策划人员、广告创意指导、国际营销商等。

第四节　性格与生涯发展的关系

性格决定着职业发展的长远性，而各种职业的社会责任、工作性质、工作内容、工作方式、服务对象和服务手段的不同，决定了它对从业者性格的不同要求。在现今的职场中因性格与职业的选择发生错位而导致职业的失败,已逐渐成为职场人士面临的越来越严峻的问题。性格并无好坏之分,但性格类型与职业类型的匹配关系却决定了职业的成功与否。要想让性格与职业达到最佳的匹配度,首先要正确了解自己的个性,了解性格与职业定位的关系。性格若能与工作相匹配,工作中更能得心应手、轻松愉快、富有成就,反之则会不适应、困难重重,给个人的发展造成影响。

一、性格影响生涯发展

职业性格是一个人对职业的稳定态度和在职业活动中习惯化了的行为方式所表现出来的个性心理特征,对个人的职业生涯规划有重要意义。

性格对职业生涯规划有重要的影响,其原因包括以下几方面。

(1)性格是个体人格中具有核心意义的部分,几乎涉及一个人的心理过程及个性特征的各个方面,与职业息息相关。

性格使一个人更加偏爱某一种而不是另一种环境,由于性格的不同,每个人在对不同环境的认知过程中,也表现出不同的个性化风格。从事与自己的性格不匹配的工作,个人的才能就会受到阻碍,会让你觉得整个工作状态都很"不对劲"。使一个人在某种职业中获得成功的性格,可能会让你在另一职业中大受挫折。因此在职业选择中,我们应尽可能充分考虑自己的个性特征与职业要求是否相适应,这样在工作中就能够满足你的独特欲望,能够发挥你特有的能力,还能利用你的个人资本,体验到更多的快乐和愉悦。

(2)在职业发展上,性格比能力重要。

用人单位在选人上逐渐认识到性格比能力重要。这种认识在国外已经相当普及。其原因是,如果一个人能力不足,可通过培训提高,一年不行,两年;两年不行,三年,总可以开发出来。但一个人的性格与职业或岗位不吻合,要改变起来,可就困难了。所以,公司在招聘新人时,将性格的测试放在首位,当性格与职业或岗位吻合了,才对其能力进行测验考察。如果性格与职业或岗位不吻合,再高的学历,再强的能力,也不予录用。

（3）性格无所谓好坏,关键看是否放对了地方,每一类性格都有与之相适应的职业范围。职业心理学的研究表明,不同的职业需要具有不同性格的从业者,某一类职业工作能够体现出某一类共同的职业性格。

例如,敏感型的人,精神饱满,好动不好静,办事喜欢速战速决,但行为常有盲目性,有时情绪不稳定。这类人的职业范围包括运动员、行政人员及一般性职业。情感型的人,感情丰富,喜怒哀乐溢于言表,不喜欢单调生活,爱刺激,爱感情用事,对新事物很有兴趣。这类人合适的职业范围包括演员、导游、活动家、护理人员等。思考型的人善于思考,逻辑思维发达,有比较成熟的观点,生活、工作有规律,时间观念强,重视调查研究的精确性,但有时思想僵化,缺乏灵活性。这类人适合的职业范围包括工程师、教师、财务人员和数据处理人员等。想象型的人想象力丰富,憧憬未来,喜欢思考问题,有时行为刻板,不易合群。这类人合适的职业范围包括科学工作者、技术研究人员、艺术工作者和作家等,还有多种多样……我们不可能设想让一个性格暴烈的人去做公关、谈生意或做服务工作；让一个性格怯懦、柔弱的人去搞刑侦破案；让做事大大咧咧、马马虎虎的人去当医生或会计。

如果一个人的能力不足,可通过培训提高；但一个人的性格如果与职业不匹配,要改变起来,就困难多了。这就是近年来,一些用人单位在选人时,都将性格测试放在首位的原因。所以,职业指导一直强调性格在规划生涯中的重要地位。

二、性格与职业的关系

（一）调整性格适应工作

职场上没有百分之百适合你性格的工作在那里等你,职场上也不可能找到完全适合你的工作。比如,按心理学的个性分类,从事推销工作的人最好是权力型性格的,而且表达能力强。但事实上,很多销售业绩最好的人往往并不是那些伶牙俐齿的人,很有可能是那些看上去性格比较内向的,拙于言辞,但他们能根据客户的需求调整自己的性格,尽量与客户去沟通。他们虽然话不多,很多时候更像个咨询师,一说就能说到实处,让客户感到实在放心,如此调整自己,才有了他们的成功业绩。尽管职场上没有完全适合你的工作在那里等你,但只要你适时调整自己,使自己适应工作的要求,就能满意自己目前的工作,并能从工作中感受到快乐。

(二)更换工作适应性格

过去人们常说"尺有所短,寸有所长"。这意思是说每个人都有特定的禀赋,更适合做某一类工作。有些人觉得目前的工作使自己不快乐,是因为他们认为目前的工作不适合自己的性格,所以,他们总想找一份更适合自己的工作。很多时候,人们对目前的工作不满意,通常会选择跳槽,从某种角度上说,跳槽也不失为一种生存技能。

第四章 安身立命之本领
——技能探索

技能是人们通过后天学习或练习而获得的能力,通常表现为某种工作系统或工作方式。技能在职场上可以看作是一个人的资产和本钱,它决定着一个人是否能胜任工作,是否能获得雇主的青睐。技能资产越多,其生涯发展的潜力就越大,升值的空间也越大。

第一节 技能的定义

一、技能的概念

技能是活动方式或动作方式。《辞海》将技能定义为:个体通过反复练习形成的合乎法则的活动方式;《教育词典》把技能定义为:通过重复学习或反省而习得的体能、心能和社会能力,个体对这种能力的提高也许是无止境的;《教育大辞典》对技能的定义是:主体在已有的知识经验基础上,经过练习形成的对待某种任务的活动方式。这些定义突出了技能是通过活动或动作习得的方式获得的,对技能的获得方式有较为明确的回答。但忽视了技能与知识的联系,未能提示技能尤其是智慧技能与知识的本质联系。在技能训练方法上,可能导致机械模仿和重复练习。

技能是行为和认知活动的结合。有的学者认为技能是由与行为及认知有关的事项的结构系列组成。这一观点突出了技能结构中各因素的相互联系。但未能揭示技能的真正内涵,没有明确回答行为和认知到底是怎样结合的,令人难以正确理解技能的真正含义。

技能属于知识范畴。在认知主义广义的知识观中,动作技能、智慧技能和认知策略被认为是不同形式的程序性知识,将知识、技能和策略都统一在知识的范畴中。技能作为知识分类突出其对活动的指导作用,但混淆了知识与技能的概念,难以说明技能的本质并否定技能训练。

二、技能的特点

尽管在对技能下定义时有诸多分歧,但是这些定义在有些方面是相通的,其中不难找到共同点。

（一）技能都是通过一定的方式后天习得的

外显的动作技能和内隐的心智技能都可以用一定的方式表现出来。技能的发展和提高是一个面向目标不断熟练化的过程。因此,人的技能培养是可能的,而且贯穿人的终生。例如教师职业的复杂性、创造性、挑战性特征,要求把职业技能的培训贯穿于职业生涯的全过程。

（二）技能与知识密不可分

知识带着有和无的性质,技能则以熟练和不熟练来衡量。在练习和掌握某种技能时,必须运用某些储存在大脑中的先决知识。有效的知识必须能够指导活动。能力在运用知识解决问题的过程中表现出来。知识并不直接转化为能力,技能成为联系知识和能力的桥梁。

第二节 职业技能的三分法

在职业生涯规划中表达技能的词汇,也就是用来说服雇主给求职者职业机会的词汇。无论是简历还是面试,求职者其实要达到的目标都是试图向雇主证明:我有良好的能力,足以胜任这份工作。因此,面对"我为什么要雇你"这样的问题,你在简历和面试中的回答都应当以自己与工作相关的能力为主线。你所谈到的任何能证明你能力的事情,将增加你得到工作的机会。要做到这一点,你需要对自己拥有什么样的能力有清楚的认识,同时还要了解具体职业所要求的技能是什么。最后,你还需要在简历和面试中将自己与职业相关的技能以恰当的语言和实力充分地表达出来。

对个人技能的认识,建立在对技能分类的了解上。辛迪·梵和理查德·鲍尔斯(Sidney Fine & Richard Bolles)将技能分为三种类型:知识技能、自我管理技能、可迁移技能(或称通用技能)。通常人们比较容易想到自己具有的知识技能,但实际上后两种技能更为重要。

一、知识技能

(一)知识技能概述

知识技能是指那些需要通过教育或者培训才能获得的特别的知识或能力,也就是个人学习的科目、懂得的知识。比如:你是否掌握外语、中国古代历史、电脑编程,或化学元素周期表等知识?知识技能一般用名词来表示。

知识技能不可迁移,也就是说,它们是一些特殊的词汇、程序和学科内容,必须经过有意识的、专门的培训才能掌握。它们常常与我们的专业学习或工作内容直接相关。正因为如此,许多大学生由于不喜欢自己的专业,在找工作时往往陷入两难的境地:一方面,他们认为找工作必须"专业对口",但是又不喜欢自己的专业,不想将之作为从事一生的职业;另一方面,如果"专业不对口",自己不是"科班出身",则担心自己与专业出身的应聘者相比缺乏竞争力,甚至觉得很难跨越专业的鸿沟。在这种情况下,似乎唯一可行的方式就是通过考研来改换专业。

(二)知识技能的发现和获得

如何发现自己是否拥有某项技能或哪些方面的技能?可以通过以下几个问题加以探索:你大学学习的是什么专业?你的专业课程有哪些?除了专业课以外,你还选修了哪些课程?你参加过哪些相关培训?你最近在看什么书?通过一系列与所学专业相关的关键问题,思索是否已掌握了一定的专业知识技能。

事实上,知识技能并非只有通过正式的专业教育才能获得。除了学校课程,接受系统的专业教育外,课外培训、专业会议、讲座、研讨会、自学、资格认证考试等方式都可以帮助个人获得知识技能。此外,通过业余爱好、娱乐休闲、社团活动、家庭职责、岗前培训、在职教育等渠道都可以获取知识技能。例如,很多公司会为新员工提供岗位培训,即使是一些专业要求较高的职业如会计师等,其专业技能也可以在就职后的培训中获得。

需要注意的是,技能的组合更为重要。通常我们所说的"复合型人才",正是指具有不同知识技能的人。技能的组合使得我们在人才市场上更具有竞争力,也更可能将工作完成好。例如,如今懂外语的人很多,但既精通英语又精通建筑专业知识的人就不那么多了,而在大型合资建筑工程中,非常需要能与外国专家进行良好沟通的专业人才。再如,一个辅修平面设计专业的心理系学生,更有可能在进行设计工作时运用消费心理学知识与客户进行充分的沟通,令客户更加满意。从这个角度来说,不论你现在学习的专业是否是你所喜爱的,或是你将来要从事的,你从中获得的专业知识在某个时候都有可能派上用场。

如果想从事本专业之外的工作而又不愿或不能重新选修一个专业的话,仍然有许多途径可以帮助我们获得相关的知识技能。在招聘中,专业知识技能绝对不是用人机构唯一重视的。当前现存的状况是知识技能的重要性被夸大,以至于许多学生在校内选修很多的课程、在校外参加各种培训班并考取一大堆证书。他们在简历上以大篇幅列举学习成绩、获得的证书、拿到一等奖学金等,无非只证明了个人的知识技能。殊不知一大堆互不相干的知识技能堆砌在简历上,只能给人以庞杂的感觉,不能让招聘人员明白它们与应聘的职位之间有多大关系。实际上,所有得到面试机会的人,应该说其简历上表述的知识技能都已基本达到了应聘职位的要求(当然,这一点还需要在面试中加以审核);而进入最后一轮面试的人,实际上都是能够胜任该职位专业技能要求的人。最终使人获得工作机会,并在工作中能够长久发展的,还是自我管理能力和可迁移技能。因此,大学生在校期间,一定要在学好专业知识的基础上,加强对自我管理技能和可迁移技能的培养。

二、可迁移技能

（一）可迁移技能概述

可迁移技能就是在某一环境获得,并可以有效地移用到其他不同的环境中的技能,是个人能够持续运用和最能够依靠的技能,比如教学、组织、设计、安装、计算、考察、分析、搜索、决策、维修,等等。

可迁移技能的特征是它们可以从生活中的方方面面,特别是工作之外得到发展,却可以迁移应用于不同的工作之中。比如在宿舍里发生大家争用电话的矛盾时,宿舍长可以组织室友们一起开会讨论,协商解决如何平等地使用电话的问题。在这里面,就用到了组织、商讨、问题解决、管理等重要的可迁移技能。几乎在所有的工作中,都或多或少地会用到这些技能。因此,可迁移技能也被称为"通用技能"。基于这样的原因,可迁移技能也是个人最能持续运用和最能够依靠的技能。

随着信息时代的到来、新技术日新月异地发展,知识的更新换代加快,这意味着个体需要不断学习新的知识技能才能跟上时代的发展。例如,几十年前,我们对手机、电脑还几乎闻所未闻,但如今它们却在我们的生活中占据了极其重要的位置,而与它们相关的行业知识也都是近些年来才出现的,并且处于飞速发展变化中。正因为如此,当今的时代越来越强调"终身学习"。"学习能力"(可迁移技能)已经比拿到某个专业的学位(知识技能)更为重要。

(二)可迁移技能的发现和获得

可迁移技能可通过参与实践、归纳总结、观察学习、模仿体会、专业训练、实习培训、业余爱好、娱乐休闲、社团活动等获得。

与知识技能相比,可迁移技能无所谓更新换代,而且无论你的需求和工作环境有什么样的变化,它们都可以得到应用。随着我们工作经验和生活阅历的增加,可迁移技能还会得到不断的发展。由于它们在许多工作中都会用到,故它们的重要性不容忽视。

索尼技术中心会计部某经理曾说:"我在聘用一个人时,最为看重的是他的人际沟通能力。这项能力极为重要,因为必须有能力与人交谈才能获得需要的信息。……我把80%的时间用在与索尼其他部门打交道上,我的员工也花费大量时间与本部门之外的人打交道。"

事实上,知识技能的运用都是在可迁移技能基础之上的。举例来说,你的知识技能也许是动物学,但你将怎样运用它呢?是"教授"动物学,还是当宠物医生"治疗"宠物,或是"写作"科普文章宣传爱护野生动物的知识,抑或在流浪小动物协会帮助"照料"小动物?这些加以引导的词都是可迁移技能。

三、自我管理技能

（一）自我管理技能概述

自我管理技能经常被看作个性品质而非技能，因为它们被用来描述或说明人具有的某些特征。它涉及个体在不同的环境下如何管理自己：是勇于创新还是循规蹈矩，是认真还是敷衍了事，能否在压力下保持镇定，是否对工作有热情，是否执行，等等。

良好的自我管理技能能够帮助个体更好地适应周围的环境、应对工作中出现的问题，因此它也被称为"适应性技能"。一个人是如何使用自己的专业知识、以什么样的态度从事工作的，这甚至比工作内容本身更为重要。正是这样一些品质和态度，将求职者与许多其他具有相同知识技能的候选人区别开来，最终得到一份工作，并能够适应新的环境和规则，在工作中取得成就，获得加薪和晋升的机会。因此，有人称它们为"成功所需要的品质、个人最有价值的资产"。在大学生从校园走向社会之前，培养良好的自我管理技能，学会如何为人处世，是至关重要的。

（二）自我管理技能的发现和获得

自我管理技能无论是一个人先天具备的还是后天习得的，都需要练习。它们可以从非工作（生活）领域迁移转换到工作领域。也就是说，耐心、负责、热情、敏捷这些技能并不是通过专门的课程学习到的，而是在日常生活中随时随地培养的。例如，一位大四同学在回顾自己的实习经历后写道："这段经历为我毕业后进入社会作了良好的准备。在这次实习中，我懂得了在工作中不仅要具备良好的知识技能，还要具备良好的社交能力，才能在工作中营造良好和谐的工作氛围。在工作中要积极主动，要虚心向同事、前辈请教；要知难而上，不能遇到一点困难就放弃；要严格要求自己，不为自己的失职找借口。平时要和同事多多交流，和谐相处。"

第三节　职业技能测试

职业技能最常用的测验是一般能力倾向成套测验(GATB)。

一般能力倾向成套测验[①](general aptitude test battery, GATB)，最初是美国劳工部队从1934年利用了10多年时间研究制订的。它是对许多职业群同时检查各自的不适合者的一种成套测验。由于这套测验在许多国家被广泛使用，因而倍受推崇。后来，日本劳动省将GATB进行了日本版的标准化，制订成《一般职业适应性检查》(1969年修订版)。这套测验主要是实现对许多职业领域中工作所必需的几种能力倾向的测定。它由15种测验项目构成，其中11种是纸笔测验，其余4种是操作测验，两种测验可以测定9种能力倾向。

这9种能力倾向对完成各种职业的工作都是必要的。即：

G—智能。指一般的学习能力。对测验说明、指导语和诸原理的理解能力、推理判断的能力、迅速适应新环境的能力。

V—言语能力。指理解言语的意义及与它关联的概念，并有效地掌握它的能力。对言语相互关系及文章和句子意义的理解能力。也包括表达信息和自己想法的能力。

N—数理能力。指在正确快速进行计算的同时，能进行推理，解决应用问题的能力。

Q—书写知觉。指对词、印刷物、各种票类之细微部分正确知觉的能力。能直观地比较辨别词和数字，发现有错误或校正的能力。

S—空间判断能力。指对立体图形以及平面图形与立体图形之间关系的理解、判断能力。

P—形状知觉。指对实物或图解之细微部分的正确知觉和能力。根据视觉能够对图形的形状和阴影部分的细微差异进行比较辨别的能力。

---

① 职业能力倾向测验，http://www.apesk.com/aptitude-self-tests/

第四章 安身立命之本领——技能探索

K—运动协调。指正确而迅速地使眼和手相协调,并迅速完成操作的能力。要求手能跟随着眼看到的东西正确而迅速地做出反应动作,并进行准确控制的能力。

F—手指灵巧度。指快速而正确地活动手指,用手指很准确地操作细小东西的能力。

M—手腕灵巧度。指随心所欲地、灵巧地活动手及手腕的能力。如拿着、放置、调换、翻转物体时手的精巧运动和腕的自由运动能力。

以上9种能力中的每一种能力,都要通过一种实践性测验获得。本测验为自评量表(表4-1)。

这种能力倾向测验,可以说是从个人在完成各种职业所必要的能力中,提炼出各种职业对个人所要求的最有特征的2~3种,其中纸笔测验可集体进行。记分采用标准分数,各能力因素的原始分数转换为标准分数后便可绘制个人能力倾向剖析图,并与职业能力倾向类型相对照,被试者就可以从测验结果中知道能够充分发挥个人能力特性的职业活动领域。

具体测验量表如下:

表4-1 自评量表

(一)一般学习能力倾向(G)					
内容	强 1	较强 2	一般 3	较弱 4	弱 5
1.快而容易地学习新的内容					
2.快而正确地解决数学题目					
3.你的学习成绩总处于					
4.对课文的理解、分析、综合能力					
5.对所学知识的记忆能力					
(二)言语能力倾向(V)					
内容	强 1	较强 2	一般 3	较弱 4	弱 5
6.善于表达自己的观点					
7.阅读速度和理解能力					

续表

内容					
8. 掌握词汇量的程度					
9. 你的语文成绩					
10. 你的文学创作能力					

（三）算术能力倾向（N）

内容	强 1	较强 2	一般 3	较弱 4	弱 5
11. 做出精确的测量					
12. 笔算能力					
13. 口算能力					
14. 打算盘					
15. 你的数学成绩					

（四）空间判断能力倾向（S）

内容	强 1	较强 2	一般 3	较弱 4	弱 5
16. 解决立体几何方面的习题					
17. 画三维度的立体图形					
18. 看几何图形的立体感					
19. 想象盒子展开后的平面图					
20. 想象三维度的物体					

（五）形态知觉能力倾向（P）

内容	强 1	较强 2	一般 3	较弱 4	弱 5
21. 发现相似图形中的细微差别					
22. 识别物体的细节部分					
23. 注意物体的细节部分					
24. 观察物体的图像是否正确					
25. 对物体的细微描述					

（六）书写知觉能力倾向（Q）

内容	强 1	较强 2	一般 3	较弱 4	弱 5
26. 快而准确地抄写资料（如姓名、日期、电话号码等）					

第四章　安身立命之本领——技能探索

续表

27. 发现错别字					
28. 发现计算错误					
29. 能很快查找编码卡片					
30. 自我控制能力（如较长时间抄写资料）					

（七）眼手运动协调能力倾向（K）

内容	强 1	较强 2	一般 3	较弱 4	弱 5
31. 玩电子游戏					
32. 打篮球、排球和踢足球等一类活动					
33. 打乒乓球、羽毛球运动					
34. 打算盘能力					
35. 打字能力					

（八）手指灵巧度（F）

内容	强 1	较强 2	一般 3	较弱 4	弱 5
36. 灵巧地使用很小的工具					
37. 穿针眼、编织等使用手指的活动					
38. 用手指做一件小工艺品					
39. 使用计数器的灵巧程度					
40. 弹琴					

（九）手腕灵巧度（M）

内容	强 1	较强 2	一般 3	较弱 4	弱 5
41. 用手把东西分类					
42. 在推拉东西时手的灵活度					
43. 很快地削苹果皮					
44. 灵活地使用手工工具					
45. 在绘画、雕刻等手工活动中的灵活性					

第四节　职业技能与生涯发展的关系

仅仅对自身具备的技能有了充分的了解是不够的,我们还需要了解这些技能可以在什么样的职业中得到应用,以及自己心仪的职业在技能方面有什么样的要求。因此,我们需要掌握和探索职业技能要求的途径和方法。个体拥有的技能不同,对职业的选择就有差异。

从技能水平差异的角度来看,职业选择应遵循以下几个方面。

一、技能与职业的匹配

每个人拥有的专业知识技能、自我管理技能和可迁移技能是有差异的,即人的职业技能发展方向存在差异。职业和工作岗位可以根据工作的性质、内容和环境划分为不同的类型,它对人所掌握的技能也有不同的要求,因而应注意技能与职业的匹配。技能水平要与职业层次一致或基本一致。一种职业或职业类型由于所承担的责任不同,可分为不同的层次,而不同的层次对人所掌握的技能又有不同的要求。因而,根据能力类型确定了职业类型后,还应根据自己所达到或可能达到的技能水平确定相吻合的职业层次。

二、选择职业时要充分发挥优势技能的作用

每个人都具有多种技能组成的技能系统,在这个技能系统中,每个人各方面技能的发展是不平衡的,常常是某方面的技能占优势,而另一些技能则不太突出。在进行职业规划与职业选择时,求职者应主要考虑自己的最优技能,选择最能运用优势技能的职业。

一个人表现出来的技能优势与其未来的职业生涯有着密切的关系,不同技能优势的个体未来从事的职业也是有所区别的。如操作技能强的人适合从事机械制造、工程设计、建筑等对应的职业;沟通表达技能强的人适于学校、商业、文艺等方面的职业。此外,技能优势对职业发展的影响,不仅要考虑某一特定方面的技能优势,还要全面考虑各个方面的技能优势,并对各方面的技能优势进行综合评比,这样才能选择出适于自己技能优势发展的职业。

三、可迁移技能与职业相吻合

可迁移技能包括沟通、演讲、团队协作、领导管理、执行和适应等。不同的职业对人的可迁移技能要求不同,有些职业对从业者的可迁移技能水平有绝对的要求,如教师、销售人员、公务员等职业都要求具有较高的沟通表达、领导管理技能。

四、特殊技能和专业技能与职业相吻合

特殊技能和专业技能是指从事某项专业活动时有别于一般职业的工作技能。随着职业的精细化和专业化,很多行业都需要具有特殊技能和专业技能的人,比如体育行业的专业运动员、建筑行业的起重机司机、传媒行业的网络营销人员等。也就是说,要顺利完成某项工作,除要具有通用技能外,还要具有胜任该项工作所要求的特殊技能和专业技能。如果拥有某方面的特殊技能和专业技能,或者选择具有特殊要求和专业要求的职业或职位时,就需要注意特殊技能和专业技能与职业的匹配。

了解职业对技能的要求可采取的途径包括直接方式,如参观、体验、实习等;间接方式,如职业生涯人物访谈、浏览相关职业分类网站等。总之,雇主关注的问题是求职者从前做过的,现在能做的及未来可以做的。求职者工作的最理想状态就是可以

使用到自身熟练的、擅长的并且最愿意使用的技能。这就要求求职者在求职前关注技能的培养与澄清；在求职中能很好地进行自我技能的描述与证明；在工作后使自我技能得以充分发挥与发展。

第五章 探索心中那杆秤
——价值观探索

价值观是人们希望获得哪些结果的一种抽象说法。所谓的价值观，就是我们在生活和工作中最看重的标准、原则和品质；价值观是我们做出决定时的重要参考指标；有时候，核心的价值观被称为我们自己的"真心"；当一个人感觉迷茫的时候，往往是不清楚什么对自己最重要的时候，也就是核心价值观模糊的时候；当一个人无法做出决策的时候，也是他不能真正拥有自己的价值观的时候。

第一节 职业价值观的定义

价值观揭示了人们看待工作或职业回报、薪酬或其他问题的不同态度。各种职业都有各自的特性。不同的人对职业的特性可能有不同的评价和取向，这就是所谓的职业价值观，也称择业观，职业价值观是指当一个人面临职业选择的时候，他无论如何都不会放弃职业中至关重要的东西。它表明了一个人通过工作所要追求的理想是什么，是为了钱，还是为了权力，抑或是为了一种情感关系。

职业价值观是价值观的重要组成部分，是人生目标和人生态度在职业选择方面的具体表现，也就是一个人对职业的认识和态度以及他对职业目标的追求和向往。职业的不同在很大程度上决定了人们的社会和经济地位的明显差异。所以人们对某种社会地位的仰慕,也就是对这一社会地位所占有的职业的仰慕,由此影响并形成了个人对职业的态度,产生了价值观。理想、信念、世界观对于职业的影响,集中体现在职业价值观上。

我们在选择职业的时候,总是希望某种职业能够满足自己的物质和精神两方面的需求。而由于时代不同,职业的社会评价也会有所不同。另外,职业价值观的形成还受地域、家庭的影响。举个例子,假如创造性对你来说是一项重要的工作价值,那么,建筑师、设计师、广告创意人员、工程师和表演艺术家们的工作就是以创造性为显著特征的,而独立、变化、旅行、被认可和有影响力则被认为是记者这一职业的工作价值。如果你认为帮助他人有意义,你应该经营服务取向的生意;如果你生性喜欢冒险,可以选择充满刺激的行业;如果安全在你心目中属于第一位,则应尽量避免那些风险大的职业。当你认为某项很重要的价值在一项职业里缺失的时候,就会出现职业错位的现象。

第二节　职业价值观分类

职业价值观在对各种职业的认知过程中起着"过滤器"的作用,它使个体的择业行为带有一定的选择性和指向性,既是判断职业的性质、确定个人在职业活动中的责任、态度及行为方向的"定向器",又是抉择职业行为方式并进行制动的"调节器"。

每种职业都有各自的特性,不同的人对职业意义的认识,对职业性质有不同的评价和取向,这就是职业价值观。职业价值观决定着人们的职业期望,影响着人们对职业方向和职业目标的选择,决定着人们就业后的工作态度和劳动绩效水平,从而决定了人们的职业发展情况。价值观和职业价值观决定了哪些因素对你是重要的,哪些是不重要的;哪些是你优先考虑和选择的,哪些不是。因此在为自己做职业生涯规划之前,一定要清楚自己的价值观和职业价值观。

根据不同的划分标准,人们对职业价值观的种类划分也不同。

一、奥尔波特的价值观

在奥尔波特理论的基础上,职业研究专家从人们的理想、信念和世界观角度把职业价值观进一步细分为九大类。九类职业价值观具体如下。

(1)自由型——不受别人指使,凭自己的能力拥有自己的小城堡,想充分施展本领。相应的职业类型有室内装饰专家、图书管理专家、摄影师、音乐家、作家、演员、记者等。

(2)经济型——认为世界上的各种关系都建立在金钱的基础上,各种职业中都有这种类型的人,商人居多。

(3)支配型——无视他人的想法,行事依己所欲,且以此为快乐。相应的职业类型有进货员、商品批发员、经理、广告宣传员、调度员、律师、政治家、零售商等。

(4)小康型——优越感强,渴望能有社会地位和名誉,希望受到众人的尊敬。欲望得不到满足时,由于过于强烈的自我意识反而很自卑。相应的职业类型有记账员、会计、银行出纳、法庭速记员、成本估算员、税务员、核算员、打字员、办公室职员、统计员、计算机操作员等。

(5)自我实现型——不关心平常的幸福,一心一意发挥个性,追求真理。不考虑收入、地位及他人对自己的看法,尽力挖掘自己的潜力,施展自己的本领,并视此为有意义的生活。相应的职业类型有气象学者、生物学者、天文学家、药剂师、动物学者、化学家、科学报刊编辑、地质学家、植物学者、物理学者、数学家、实验员等。

(6)志愿型——有同情心,把他人的痛苦视为自己的痛苦,不愿干表面上哗众取宠的事,把默默地帮助不幸的人视为快乐。相应的职业类型有社会学者、导游、福利机构工作者、咨询人员、社会工作者、教师、护士等。

（7）技术型——性格沉稳，做事组织严密，井井有条，并且对未来充满平常心。相应的职业类型有木匠、农民、工程师、机械师、野生动物专家、自动化技师、机械工、电工、司机等。

（8）合作型——人际关系较好，认为朋友是最大的财富。相应的职业类型有公关人员、销售人员、秘书等。

（9）享受型——喜欢安逸的生活，不愿从事任何挑战性的工作。各种职业中都有这种类型的人。

二、洛特克的价值观

美国心理学家洛特克在其所著《人类价值观的本质》一书中，提出13种价值观。

（1）成就感。提升社会地位，得到社会认同，希望工作受到他人认可，对工作的完成和挑战成功感到满意。

（2）美感的追求。能有机会多方面地欣赏周围任何自己觉得重要有意义的事物。

（3）挑战。能有机会运用聪明才智来解决困难，舍弃传统方法、选择创新方法处理事务。

（4）健康。工作免于焦虑、紧张和恐惧，希望心平气和地处理事务。

（5）收入与财富。工作能有效地改变自己的财务状况，能得到金钱所能买得到的东西。

（6）独立性。工作有弹性，可以充分掌握自己的时间和行动，自由度高。

（7）爱、家庭、人际关系。关心他人，与别人分享，协助别人解决问题。

（8）道德感。价值观与工作使命能够不冲突，紧密结合。

（9）欢乐。享受生命，结交朋友，与别人共处，一起享受美好时光。

（10）权力。能够影响或控制他人,让他人按照自己的意志去行动。

（11）安全感。能够满足健康需要,有安全感,远离突如其来的变动。

（12）自我成长。能追求知识性方面的刺激,需求更圆满的人生,在智慧、知识和体会上有所提升。

（13）协助他人。体会到自己的付出对团体有帮助,别人因自己的行动而受惠。

三、我国学者阚雅玲的价值观

我国学者阚雅玲将职业价值观分为如下12类。

（1）收入与财富。工作能够明显有效地改变自己的财务状况,将薪酬作为选择工作的重要依据。工作的目的或动力主要来源于对收入和财富的追求,并以此改善生活质量,显示自己的身份和地位。

（2）兴趣特长。以自己的兴趣和特长作为选择职业最重要的因素,能够扬长避短、趋利避害、择我所爱、爱我所选,可以从工作中得到乐趣、得到成就感。在很多时候,会拒绝做自己不喜欢、不擅长的工作。

（3）权力地位。有较高的权力欲望,希望能够影响或控制他人,使他人照着自己的意思去行动；认为有较高的权力地位会受到他人尊重,从中可以得到较强的成就感和满足感。

（4）自由独立。在工作中能有弹性,不想受太多的约束,可以充分掌握自己的时间和行动,自由度高,不想与太多人发生工作关系,既不想制人也不想受制于人。

（5）自我成长。工作能够给予受培训和锻炼的机会,使自己的经验与阅历能够在一定的时间内得以丰富和提高。

（6）自我实现。工作能够提供平台和机会,使自己的专业和能力得以全面运用和施展,实现自身价值。

（7）人际关系。将工作单位的人际关系看得非常重要,渴望能够在一个和谐、友好甚至被关爱的环境中工作。

（8）身心健康。工作能够免于危险、过度劳累,免于焦虑、紧张和恐惧,使自己的身心健康不受影响。

（9）环境舒适。工作环境舒适宜人。

（10）工作稳定。工作相对稳定,不必担心经常出现裁员和辞退现象,免于经常奔波找工作。

（11）社会需要。能够根据组织和社会的需要响应某一号召,为集体和社会做出贡献。

（12）追求新意。希望工作的内容经常变换,使工作和生活显得丰富多彩,不单调枯燥。

第三节　职业价值观测试

职业价值观是人的价值观在职业问题上的反映,是职业素质的重要组成部分。它探讨的是人在职业选择和职业生活中,在众多的价值取向里,优先考虑哪种价值。职业价值观测试能帮助人们客观地认识自己的职业价值观类型,科学地进行职业决策。

职业价值观测试常常借鉴职业锚理论,对人的职业价值观进行分类。通过考察被试者对代表不同价值追求的多种活动的好恶程度来确定其主导的职业价值观类型,从而为个人选择职业,进行职业生涯规划提供科学、系统的参考。各职业价值观的维度分数,表示对职业中可能获得的回报的重视程度,分数越高则越重视。

需要强调的是,在利用测评进行职业价值观的判断时,每个人都会从多个价值角度对职业进行衡量,而通常不会只有一种类型占据绝对主导的地位。因而要对测评结果进行综合分析,在做职业决策时,着重从自己占据优势的几种价值观倾向方面来综合衡量。

第五章　探索心中那杆秤——价值观探索

一、标准化评估：职业价值观测试

说明：下面有52道题目，每个题目都有5个备选答案，请根据自己的实际情况或想法，在题目后面写出相应字母，每题只能选择一个答案。通过测验，你可以大致了解自己的职业价值观念倾向。

A—非常重要

B—比较重要

C——一般重要

D—较不重要

E—很不重要

（1）你的工作必须经常解决新的问题。

A　B　C　D　E

（2）你的工作能为社会福利带来看得见的效果。

A　B　C　D　E

（3）你的工作奖金很高。

A　B　C　D　E

（4）你的工作内容经常变换。

A　B　C　D　E

（5）你能在你的工作范围内自由发挥。

A　B　C　D　E

（6）工作能使你的同学、朋友非常羡慕你。

A　B　C　D　E

（7）工作带有艺术性。

A　B　C　D　E

（8）你的工作能使人感觉到你是团体中的一分子。

A　B　C　D　E

（9）不论你怎么干，你总能和大多数人一样晋级和涨工资。

A　B　C　D　E

（10）你的工作使你有可能经常变换工作地点、场所或方式。
A B C D E

（11）在工作中你能接触到各种不同的人。
A B C D E

（12）你的工作上下班时间比较随便、自由。
A B C D E

（13）你的工作使你不断获得成功的感觉。
A B C D E

（14）你的工作赋予你高于别人的权利。
A B C D E

（15）在工作中,你能试行一些自己的新想法。
A B C D E

（16）在工作中,你不会因为身体或能力等因素,被人瞧不起。
A B C D E

（17）你能从工作的成果中,知道自己做得不错。
A B C D E

（18）你的工作经常外出参加各种集会和活动。
A B C D E

（19）只要你干上这份工作,就不会被调到其他意想不到的单位或工种上去。
A B C D E

（20）你的工作能使世界更美丽。
A B C D E

（21）在你的工作中,不会有人常来打扰你。
A B C D E

（22）只要努力,你的工资会高于其他同龄的人,升级或涨工资的可能性比干其他工作大得多。
A B C D E

（23）你的工作是一项对智力的挑战。
A B C D E

（24）你的工作要求你把一些事务管理得井井有条。

A　B　C　D　E

（25）你的工作单位有舒适的休息室、更衣室、浴室及其他设备。

A　B　C　D　E

（26）你的工作有可能结识各行各业的知名人物。

A　B　C　D　E

（27）在你的工作中，能和同事建立良好的关系。

A　B　C　D　E

（28）在别人眼中，你的工作是很重要的。

A　B　C　D　E

（29）在工作中，你经常接触到新鲜的事物。

A　B　C　D　E

（30）你的工作使你能常常帮助别人。

A　B　C　D　E

（31）你在工作单位中，有可能经常变换工作。

A　B　C　D　E

（32）你的作风使你被别人尊重。

A　B　C　D　E

（33）同事和领导人品较好，相处比较随便。

A　B　C　D　E

（34）你的工作会使许多人认识你。

A　B　C　D　E

（35）你的工作场所很好，比如有适度的灯光，安静、清洁的工作环境，甚至恒温、恒湿等优越的条件。

A　B　C　D　E

（36）在工作中，你为他人服务，使他人感到很满意，你自己也很高兴。

A　B　C　D　E

（37）你的工作需要计划和组织别人的工作。

A　B　C　D　E

（38）你的工作需要敏锐的思考。

A B C D E

（39）你的工作可以使你获得较多的额外收入，比如，常发实物、常购买打折的商品、常发商品的提货券、有机会购买进口货等。

A B C D E

（40）在工作中，你是不受别人差遣的。

A B C D E

（41）你的工作结果应该是一种艺术，而不是一般的产品。

A B C D E

（42）在工作中，不必担心会因为所做的事情领导不满意，而受到训斥或经济惩罚。

A B C D E

（43）在你的工作中能和领导有融洽的关系。

A B C D E

（44）你可以看见你努力工作的成果。

A B C D E

（45）在工作中，常常要你提出许多新的想法。

A B C D E

（46）由于你的工作，经常有许多人来感谢你。

A B C D E

（47）你的工作成果常常能得到上级、同事或社会的肯定。

A B C D E

（48）在工作中，你可能做一个负责人，虽然可能只领导很少的几个人。你信奉"宁做兵头，不做将尾"的俗语。

A B C D E

（49）你从事的那种工作，经常在报刊、电视中被提到，因而在人们的心目中很有地位。

A B C D E

（50）你的工作有数量可观的夜班费、加班费、保健费或营养

第五章 探索心中那杆秤——价值观探索

费等。

A　B　C　D　E

（51）你的工作比较轻松，精神上也不紧张。

A　B　C　D　E

（52）你的工作需要和影视、戏剧、音乐、美术、文学等艺术打交道。

A　B　C　D　E

评分与评价：

上面的52道题分别代表13项工作价值观。每圈一个A得5分、B得4分、C得3分、D得2分、E得1分。请你根据评价表5-1中每一项前面的题号，计算一下每一项的得分总数，并把它填在每一项的得分栏上。然后在表格下面依次列出得分最高和最低的三项。从得分最高和最低的三项中，可以大致看出你的价值倾向，在选择职业时就可以加以考虑。

表 5-1　13项工作价值表

得分	题号	价值观	说明
	2，30，36，46	利他主义	工作的目的和价值，在于直接为大众的幸福和利益尽一份力
	7，20，41，52	美感	工作的目的和价值，在于不断地追求美的东西，得到美感的享受
	1，23，38，45	智力刺激	工作的目的和价值，在于不断进行智力操作，动脑思考，学习以及探索新事物，解决新问题
	13，17，44，47	成就感	工作的目的和价值，在于不断创新，不断取得成就，不断得到领导与同事的赞扬，或不断实现自己想要做的事
	5，15，11，40	独立性	工作的目的和价值，在于能充分发挥自己的独立性和主动性，按自己的方法、步调或想法去做，不受他人的干扰
	6，28，32，49	社会地位	工作的目的和价值，在于所从事的工作在人们的心中有较高的社会地位，从而使自己得到他人的重视与尊敬
	14，24，37，48	管理	工作的目的和价值，在于获得对他人或某事的管理权，能指挥和调遣一定范围内的人或事物

续表

得分	题号	价值观	说明
	3，22，39，50	经济报酬	工作的目的和价值，在于获得优厚的报酬，使自己有足够的财力去获得自己想要的东西，生活过得较为富足
	11，18，26，34	社会交际	工作的目的和价值，在于能和各种人交往，建立比较广泛的社会联系和关系，甚至能和知名人物结识
	9，16，19，42	安全感	不管自己的能力怎样，在工作中要有一个安稳的局面，不会因为奖金、工资、调动工作或领导训斥等经常提心吊胆、心烦意乱
	12，25，35，51	舒适	希望将工作作为一种消遣、休息或享受的形式，追求比较舒适、轻松、自由、优越的工作条件和环境
	8，27，33，43	人际关系	希望一起工作的大多数同事和领导人品好，相处在一起能感到愉快、自然，认为这就是很有价值的事，是一种极大的满足
	4，10，29，31	变异性	希望工作的内容经常变换，使工作和生活显得丰富多彩，不单调、枯燥

二、非标准化评估：职业价值观大拍卖

这是一个在集体中开展的游戏，请每位同学填写表5-2，游戏规则：

1. 每位同学拥有100万元，游戏结束后要将100万用完。
2. 请预估自己想买的价值观的金额。
3. 每位同学至少要选择三项以上的价值观。
4. 实际拍卖时，各位同学可以自由出价，价高者得之。

表5-2 职业价值观拍卖表

待出售的职业：能够让我××的职业	你的预算金额	你的最高价格	你赢得的项目	与项目相关的价值
1.具有吸引力，让每一个认识的人都喜欢自己				
2.拥有健康长寿而且没有疾病				

第五章 探索心中那杆秤——价值观探索

续表

待出售的职业： 能够让我 ×× 的职业	你的预算金额	你的最高价格	你赢得的项目	与项目相关的价值
3. 有清晰的自我认识，知道自己是谁				
4. 每年至少赚 100 万元				
5. 成为一个团体或者政党中最有影响力的人				
6. 有时间过一个愉快的、有意义的家庭生活				
7. 为自己的宗教信仰献身				
8. 参加社会活动，如音乐会、戏剧、芭蕾舞表演或体育运动				
9. 在一个没有歧视欺骗和不公正的环境中工作				
10. 为弱势群体竭诚服务				
11. 什么时候都可以做自己喜欢的事情				
12. 有一份稳定的工作和收入				
13. 能够寻找到生活的意义和真谛				
14. 精通专业，能在所做的一切事情上取得成功				
15. 有学习的条件、有所需的全部书籍、电脑和各种辅助物				
16. 创造一个能让人们自由地给予和付出爱的氛围				
17. 冒险、迎接挑战，过一个精彩的人生				
18. 产生新思想，创造新的行动方式				
19. 自由决定工作的条件、时间、位置和着装等				
20. 制作有吸引力的物品，为世界增添美丽				
21. 获得全国范围内和世界性的荣誉和声望				
22. 休长假，什么都不用做，只要开心玩乐				

拍卖结束后请思考：

1. 你是否买到自己认为最重要的价值观？

（1）如果是,买到的心情如何？

（2）如果不是,你认为是为什么没有买到？

（3）你最想买的是什么？它代表的是什么价值观？为什么重要？

2. 拍卖过程中你的心态如何？有没有变化？为什么变化？

3. 有的人(可能是你或者其他人)什么也没有买到,你认为是为什么？

附：价值观拍卖表中涉及的项目及价值,如表5-3。

表5-3 职业价值观与项目价值对应表

待出售的职业： 能够让我××的职业	有关项目的价值
1. 具有吸引力,让每一个认识的人都喜欢自己	容貌,被赏识
2. 拥有健康——长寿而且没有疾病	健康,心理健康
3. 有清晰的自我认识,知道自己是谁	智慧,自我了解,内心和谐
4. 每年至少赚100万元	财富,高收入,钱,利润
5. 成为一个团体或者政党中最有影响力的人	权利,领导能力,晋升
6. 有时间过一个愉快的、有意义的家庭生活	家庭关系,生活方式
7. 为自己的宗教信仰献身	对道德和宗教的关心,灵魂得救
8. 参加社会活动,如音乐会、戏剧、芭蕾舞表演或体育运动	审美,休闲,刺激
9. 在一个没有歧视、欺骗和不公正的环境中工作	公平,正义,诚实,道德
10. 为弱势群体竭诚服务	利他主义,帮助他人,友谊
11. 什么时候都可以做自己喜欢的事情	自主,独立,生活方式
12. 有一份稳定的工作和收入	工作保障稳定,固定的工作
13. 能够寻找到生活的意义和真谛	智慧,真理,个人的成长
14. 精通专业,能在所做的一切事情上取得成功	成就,技能,赏识
15. 有学习的条件,有所需的全部书籍、电脑和各种辅助物	知识,智力方面的鼓励
16. 创造一个能让人们自由地给予和付出爱的氛围	慈爱,爱,友谊

续表

待出售的职业： 能够让我××的职业	有关项目的价值
17.冒险迎接挑战，过一个精彩的人生	冒险，兴奋，竞争
18.产生新思想，创造新的行动方式	创造性，多样性，变化性
19.自由决定工作的条件、时间、位置和着装等	自由，独立，个人权利
20.制作有吸引力的物品，为世界增添美丽	审美，艺术性的创造
21.获得全国范围内和世界性的荣誉和声望	被赏识，炫耀，威望
22.休长假，什么都不用做，只要开心玩乐	娱乐、休闲

第四节　职业价值观与生涯发展的关系

价值观是人们在考虑问题时所看重的原则和标准，是人们内在的驱动力。因此价值观在人们的生涯发展中往往起到极其重要、决定性的作用，在很多时候，甚至超过了兴趣和性格对职业的影响。明确了自己的职业价值观，也就明确了自己的职业生涯志向。价值观是一种基本信念，带有判断的色彩，代表了一个人对于什么是好，什么是对，什么会令人喜爱的意见。由于个人的身心条件、年龄阅历、教育状况、家庭影响、兴趣爱好等方面的不同，人们对各种职业有着不同的主观评价。由于社会分工的不同，各种职业在劳动性质的内容、劳动难度和强度、劳动条件和待遇、所有制和稳定性上都存在差别，再加上传统思想观念的影响，各类职业在人们心目中的声望地位也有好坏高低之别，这些评价都形成了人们的职业价值观，影响着人们对就业方向和具体职业岗位的选择。大量研究表明，个人总是倾向于选择那些能满足其价值观追求的工作。因此，价值观在个人职业发展中发挥着重要的作用。

一、价值观对职业发展的驱动力

人类活动的动机源于需求,按照马斯洛的需求层次理论,人类的需求分为五个层次,即生理需求、安全需求、社会需求、尊重需求和自我实现需求。正是有了这些需求,人类的行为才有了强大的内驱力,满足这些需求的愿景就成了我们的价值观。通过前面的学习我们知道,我们的大部分需求是通过职业满足的,于是这些需求就转化为我们的职业目标,就成了我们的职业价值观,它是我们职业发展的驱动力。

二、价值观对职业发展的激励作用

美国的行为科学家弗雷德里克·赫茨伯格(Fredrick Herzberg)在其激励保健理论(Motivator Hygiene Theory)中提出,保健因素包括公司政策、管理措施、监督、人际关系、物质工作条件、工资、福利等。当这些因素恶化到人们认为可以接受的水平以下时,就会让人产生对工作的不满意。但是,当人们认为这些因素很好时,它只是消除了不满意,并不会导致积极的态度,这就形成了某种既不是满意、又不是不满意的中性状态。那些能带来积极态度、满意和激励作用的因素就叫"激励因素",这是那些能满足个人自我实现需要的因素,包括:成就、赏识、挑战性的工作、增加的工作责任,以及成长和发展的机会。如果这些因素具备了,就能对人们产生更大的激励。从这个意义出发,赫茨伯格认为传统的激励假设,如工资刺激、人际关系的改善、提供良好的工作条件等,都不会产生更大的激励:它们能消除不满意,防止产生问题,但这些传统的"激励因素"即使达到最佳程度,也不会产生积极的激励。按照赫茨伯格的理论,价值观对职业发展具有激励作用,但前提是我们的职业价值观应该定位在满足自身较高层次的需求上,及在工作中我们应该更多地去追求自我价值的实现,才能有更好的工作成绩(图 5-1)。

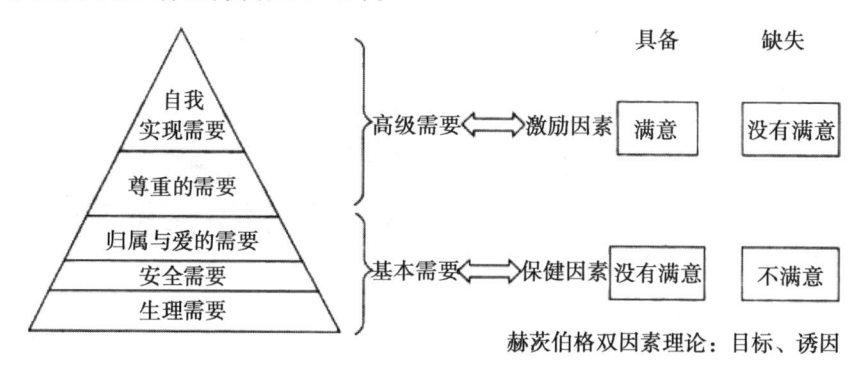

图 5-1 赫茨伯格激励保健理论

三、价值观对职业选择的影响

著名的职业辅导理论家戈特弗雷德森(Gottfredson,1981)在其职业选择上的"限制与妥协"理论中提出,在西方,当人们遇到环境限制时,在职业选择上最先放弃的是兴趣,其次是社会地位,最后是性别角色。但对美籍华人的调查表明,他们最后放弃的是社会地位。"社会地位""兴趣"或"性别角色"在人们心目中的重要程度如何,体现了不同社会群体的价值观,通常称为文化价值观。由于个人是生活在社会群体当中的,所以文化价值观很容易为个人所采纳,从而对个人的职业选择产生影响。

通常情况下,学生在有诱因的条件下均会忽略自己的兴趣而选择热门的科系或工作。值得注意的是,单独把文化价值观作为影响人们外显行为的主要因素是不可取的,人们的价值取向和职业选择还会受到社会外部结构——政治和经济结构的影响。

第六章　让梦想照进现实
——探索职业生涯目标

俄国作家列夫·托尔斯泰有这样一句名言："要有生活目标,一辈子的目标,一段时期的目标,一个阶段的目标,一年的目标,一个星期的目标,一天的目标,一个小时的目标,一分钟的目标。"一个人没有目标,就没有前进的方向和动力,而有了目标,不进行科学的管理,就等于没有目标。因此,作为一个新时代的大学生,我们不仅要树立远大的理想,形成一个有联系、有机的系统目标,而且要对目标进行科学管理,分阶段、分层次组织实施,才能使人生理想变为现实,而不会只是梦想。

第一节　职业选择的原则和方法

一、职业选择的原则

职业生涯目标的客观性是指目标本身并不是空想出来的,而是建立在自我认知与环境认知的基础上,了解了个人兴趣、性格、能力、身体素质以及社会环境等各方面的情况,才能制订出一个具有可行性、合理的目标。假如,一个人从未接受过美术绘画方面的培训,却想要在两年内成为享誉国内外的画家,这种目标一般情况下只能是幻想或纯粹的理想。另外,当目标确定后,并不是一成不变的,随着个人知识、技能、阅历方面的提升,完全可以阶段性地调整自己的发展目标,但这种调整的频率不能过于频繁。制订职业生涯目标时,需考虑以下原则。

(一)现实原则

目标的确立要符合社会与市场的需求。职业生涯目标如同一种"产品",这种"产品"有市场,才有"生产"的必要。因此,在确定职业生涯目标时,要考虑到内外环境的需要。有需求才有位置。

(二)适合原则

目标的确立要适合自身的特点,比如性格、兴趣、特长甚至身体条件等。要将目标建立在你的最优性格、最大兴趣、最佳特长上。

(三)层次原则

目标的确立应该长短结合。长期目标为人生指明了方向,可鼓舞斗志,防止短期行为;短期目标是实现长期目标的保证,没有短期目标,长期目标也就不能实现。在职业生涯发展过程中,我们可以通过短期目标的实现来自我鼓励,体验到达成目标的成就感,促使自己朝着更高的目标前进。但是,如果只有短期目标,也会失去奋斗的动力。

(四)明确原则

目标的确立要具体明确。如果目标含糊不清,就起不到目标的作用。有些人决心干一番事业,却不知道具体干什么,这就等于没有明确的目标。目标不明确,就算投入了时间、精力和资金,也起不到"攻击"目标的作用。

(五)灵活原则

生涯目标要留有余地,在实现目标的时间安排上,不要过急、过满或过死。如果需要五年才能达到的目标,订为三年或两年,就会"欲速则不达",不是计划落空,就是影响质量。如果安排过满,在同一时间里既做这个又做那个,结果会顾此失彼,因身心太累而无法坚持;如果安排过死,如规定某一时间只能做某事,若遇上干扰,则无法完成,又没有补做的时间,目标必然会落空。

二、职业选择的方法

(一)使用平衡单法进行决策

使用平衡单法进行决策的具体步骤如下。

(1)请确定你的职业选择考虑方向,如专升本、技术工作和销售工作三个方案。

(2)把三个方案填入表 6-1 平衡单的选择项目中。

(3)在第一栏职业决策考虑要素中,根据对你而言职业选择的重要性和迫切性,赋予它权数,加权范围 1～5 倍,填写权数一栏。权数越大说明你越重视该要素。

(4)打分。根据每个方案中的要素进行打分,优势为得分,缺点为减分,计分范围为 1～10。

(5)计分方法。将每一项的得分和失分乘以权数,得到加权后的得分或失分,分别计算出总和,最后加权后的得分总和减去加权后的失分总和得出"得失差数",并以此分数来做出最后的决定,即比较三个选择方案的得失差数,得分越大,该职业方案越适合你。

表 6-1 职业生涯决策平衡单

加权分数 考虑因素		重要性的权数 (1～5 倍)	选择一	选择二	选择三
个人物质方面的得失	1. 收入				
	2. 工作的难易程度				
	3. 升迁的机会				
	4. 工作环境的安全				

第六章　让梦想照进现实——探索职业生涯目标

续表

加权分数 考虑因素		重要性的权数 （1～5倍）	选择一	选择二	选择三
	5. 休闲时间				
	6. 生活变化				
	7. 对健康的影响				
	8. 就业机会				
	其他……				
他人物质方面的得失	1. 家庭经济				
	2. 家庭地位				
	3. 与家人相处的时间				
	其他……				
个人精神方面的得失	1. 生活方式的改变				
	2. 成就感				
	3. 自我实现的程度				
	4. 兴趣的满足				
	5. 挑战性				
	6. 社会声望的提高				
	其他……				
他人精神方面的得失	1. 父母				
	2. 师长				
	3. 配偶				
	其他……				
	加权后合计				
	加权后得失差数				

（二）运用SWOT分析法分析职业目标

（1）你的职业目标是什么。

（2）完成表6-2的SWOT分析。

表6-2 SWOT分析

内部环境因素	优势因素（S）	弱势因素（W）
外部环境因素	机会因素（O）	威胁因素（T）

（3）在表6-2的基础上完成表6-3的SWOT策略分析。

表6-3 SWOT策略分析

外部环境因素 内部环境因素	机会因素（O）	威胁因素（T）
优势	S-O策略	S-T策略
劣势	W-O策略	W-T策略

（4）填写表6-4的SWOT分析结论。

表6-4 SWOT分析结论

职业目标	
就业发展策略	
就业发展路径	
具体路径	

（三）目标分解

职业生涯目标分解是根据观念、知识、能力、经验等差距，将职业生涯的总目标分解为有时间规定的长、中、短期分目标，直至将目标分解为可以具体操作的实施步骤。

请根据决策平衡单和SWOT分析的结果确立生涯总目标，并合理分解目标，完成表6-5。

表6-5 职业生涯目标分解

职业生涯 总目标	短期目标	大一目标
		大二目标
		大三目标
		大四目标

续表

职业生涯总目标	中期目标	工作第一年目标
		工作第二年目标
		工作第三年目标
		工作第四年目标
		工作第五年目标
	长期目标	工作第十年目标
		工作第十五年目标
		工作第　年目标

第二节　职业目标的制订与管理

一、职业目标的制订

大学生群体中有明确职业目标的占13%,有目标但不很明确的占25%,没明确职业目标的达到62%。这个调查结果反映了当前大学生求职过程中的心理困惑和行为盲目,暴露了大学生职业目标的严重缺失。职业目标设定程序如下。

(一)选择职业生涯发展路线

职业生涯发展路线是指一个人未来的职业发展方向。不同的生涯发展路线对从业者的素质要求有所不同,并影响日后的生涯发展阶梯。生涯发展路线呈现为一个自下而上的职业阶梯,如大学教师的生涯发展路线是助教—讲师—副教授—教授,企业财务人员的职业发展路线是会计员—主管会计师—财务部经理—公司财务总监。

不同素质的个体所适合的职业生涯发展路线会有所不同。例如,有人适合从事研究工作,可在科学技术领域获得突破;有人适合管理岗位,可成为一名优秀的管理者或领导者。

职业生涯发展路线的类型有：①专业技术型路线。它是一种技术职能取向的专业路线，需要从业者具备特定的知识、能力和技术，尤其是良好的分析与综合能力。②行政管理型路线。它是一种管理职能取向的路线，以从事一定的管理岗位为目标，对一个人的综合素质，尤其是人际关系技能的要求较高。其生涯发展阶梯一般是从基层职能部门开始，然后向中级部门和高级部门逐步提升，管理权限越来越大，所承担的责任也相应增加。③自我创业型路线。它是一种以自主选择和自由发展为特色的生涯阶梯。自我创业型路线客观上要求具备创业的良好机会和适宜创业的社会土壤，主观上则需要创业人员具有较高的创造性、强烈的成就动机、较高的心理素质和承担风险的意识与能力，善于开拓新领域、新产品和新思维。

(二) 选择职业目标

职业生涯规划需要设立一个有效而可行的生涯发展目标。生涯目标要符合如下要求：①为每一个行为设定明确方向；②反映一个人的真正追求和真实需要，便于科学管理时间；③立足现在和利于未来发展相结合；④清晰地评价每一个具体行为的效率、效能和进展状况；⑤结果导向重于过程导向；⑥结果具有可预见性，以产生持续信心、热情和动力；⑦具体、明确而不空泛；⑧高低适度，不宜好高骛远；⑨兼顾平衡，与生活目标有机结合。

职业目标的选择流程通常表现为：自我认知；职业认知；职业目标确立。职业目标的确立是建立在自我认知和职业认知基础之上的，其内部过程可以用下面的图示方式（图6-1）呈现出来。

从图中我们可以看到，自我认知的结论作为职业目标的确立流程的起始因素，影响着个人对职业目标的判断，进而结合职业认知的观念使得我们对职业产生了不同的划分，即适合的职业、喜欢的职业、能干的职业和可干的职业，我们通常把这叫作职业定向。到这里，我们基本上对职业有了一个相对个性化的判断，

第六章 让梦想照进现实——探索职业生涯目标

也有了一个职业目标选择的大致方向,我们称之为职业目标选择的第一阶段,即个体认知阶段。接着,我们进入这个流程的第二阶段,即分析评估阶段,这个阶段包括个体职业选择策略的明确和优势整合两个步骤。职业选择策略指的是在面对众多的职业选择对象时个体所采取的选择方针和选择方法。

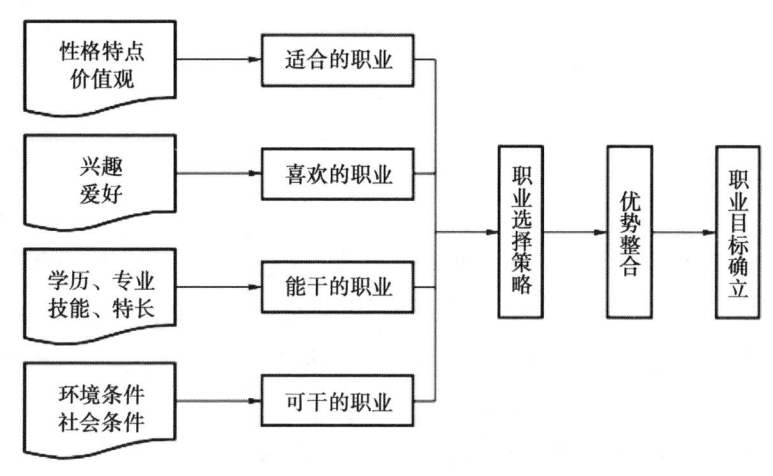

图 6-1 职业目标选择的一般流程

从利益最大化原则来看,每个人在选择职业的时候一般总希望选择那些适合自身特点而有发展前途的职业作为目标。也就是说,该职业应该既是适合自己的,又是自己喜欢的、自己能干的和可干的。与优势整合环节相结合,这样的职业目标可能对于某些选择者来讲不止一个,那么他就必须从多个目标中做出取舍;而对另一些人来讲,也许这样理想的目标一个也没有,因此就必须退而求其次,比如选择适合自己、能干、可干但不一定喜欢干的职业作为目标了。最终,选择者会进入最后一个阶段,即目标确立阶段。在此阶段,选择者必须既考虑到个人实现目标的资源和精力,又要考虑到其中可能会面临的风险,因而目标保留的最终数量一般不应该超过三个(多则精力达不到),但至少应该有一个。保留多个目标的人,还应考虑协调几个目标之间的关系,争取使它们之间具备互补支撑和相互替代的关系;目标有缺陷的选择者,从确立该目标之日起,就应该着手创造条件、弥补缺憾,力争在条件改善、资源改造、个体能力增强的同时使目标得以实现。

在实际操作中,这样的选择过程对于一个人的职业发展来讲,往往仅做一次是远远不够的,在面临学业方向改变、就业前景考察、职位升迁等状况的时候,便需要在反复审视和循环发展中多次运用。所以,熟悉这一流程,对个人的职业目标确立乃至实现就显得尤为重要。

二、职业生涯规划的目标管理

为了引导大学生更好地进行职业生涯目标设定,我们需要首先了解一下企业是如何进行目标管理的。进入职业领域不仅要考虑个人目标,更多的还要了解企业组织的目标,只有企业组织的目标得以实现了,个人目标才能随之实现。

美国管理大师彼得·德鲁克(Peter F. Drucker)于1954年在其著作《管理实践》中最先提出了"目标管理"的概念,其后他又提出"目标管理和自我控制"的主张。德鲁克认为:先有目标才能确定工作,所以"企业的使命和任务,必须转化为目标"。如果一个领域没有目标,这个领域的工作必然被忽视。因此管理者应该通过目标对下级进行管理,当组织最高层管理者确定了组织目标后,必须对其进行有效分解,将其转变成各个部门以及各个人的分目标,管理者根据分目标的完成情况对下级进行考核、评价和奖惩。

经典管理理论对目标管理 MBO 的定义为:目标管理是以目标为导向,以人为中心,以成果为标准,而使组织和个人取得最佳业绩的现代管理方法。目标管理亦称"成果管理",俗称责任制,是指在企业个体职工的积极参与下,自上而下地确定工作目标,并在工作中实行"自我控制",自下而上地保证目标实现的一种管理办法。"目标管理"提出以后,便在美国迅速流传。时值第二次世界大战后西方经济由恢复转向迅速发展的时期,企业急需采用新的方法调动员工积极性以提高竞争能力，"目标管理"的出现可谓应运而生，遂被广泛应用，并很快为日本、西欧国家的企业所仿效，在世界管理界大行其道。

目标管理最为广泛的是被应用在企业管理领域。企业目标可分为战略性目标、策略性目标以及方案、任务等。一般来说，经营战略目标和高级策略目标由高级管理者制订；中级目标由中层管理者制订；初级目标由基层管理者制订；方案和任务由职工制订，并同每一个成员的应有成果相联系。自上而下的目标分解和自下而上的目标期望相结合，使经营计划的贯彻执行建立在职工的主动性、积极性的基础上，把企业职工吸引到企业经营活动中来。目标管理方法提出来后，美国通用电气公司最先采用，并取得了明显效果。其后，在美国、西欧、日本等许多国家和地区得到迅速推广，被公认为是一种加强计划管理的先进科学管理方法。中国20世纪80年代初开始在企业中推广目标管理，采取的干部任期目标制、企业层层承包等，都是对目标管理方法的具体运用。

（一）目标管理的特点

目标管理的具体形式各种各样，但其基本内容是一样的。所谓目标管理，乃是一种程序或过程，它使组织中的上级和下级一起协商，根据组织的使命确定一定时期内组织的总目标，由此决定上、下级的责任和分目标，并把这些目标作为组织经营、评估和奖励每个单位和个人贡献的标准。目标管理指导思想上是以Y理论为基础的，即认为在目标明确的条件下，人们能够对自己负责。具体方法上是泰勒科学管理的进一步发展。它与传统管理方式相比有鲜明的特点，可概括为以下三个方面。

1. 重视人的因素

目标管理是一种参与的、民主的、自我控制的管理制度，也是一种把个人需求与组织目标结合起来的管理制度。在这一制度下,上级与下级的关系是平等、尊重、依赖、支持,下级在承诺目标和被授权之后是自觉、自主和自治的。

2. 建立目标锁链与目标体系

目标管理通过专门设计的过程,将组织的整体目标逐级分解,转换为各单位、各员工的分目标。从组织目标到经营单位目标,再到部门目标,最后到个人目标。在目标分解过程中,权、责、利三者已经明确,而且相互对称。这些目标方向一致,环环相扣,相互配合,形成协调统一的目标体系。只有每个人员完成了自己的分目标,整个企业的总目标才有完成的希望。

3. 重视成果

目标管理以制订目标为起点,以目标完成情况的考核为终结。工作成果是评定目标完成程度的标准,也是人事考核和奖评的依据,成为评价管理工作绩效的唯一标志。至于完成目标的具体过程、途径和方法,上级并不过多干预。所以,在目标管理制度下,监督的成分很少,而控制目标实现的能力却很强。

(二)目标管理的具体做法

目标管理的具体做法分三个阶段:第一阶段为目标的设置;第二阶段为实现目标过程管理;第三阶段为测定与评价所取得的成果。

1. 目标的设置

这是目标管理最重要的阶段,第一阶段可以细分为以下四个步骤。

(1)高层管理预定目标

这是一个暂时的、可以改变的目标预案。首先,既可以由上级提出,再同下级讨论;也可以由下级提出,上级批准。无论哪种方式,必须共同商量决定;其次,上级必须根据企业的使命和长远战略,估计客观环境带来的机会和挑战,对该企业的优劣有清醒的认识,对组织应该和能够完成的目标心中有数。

(2)重新审议组织结构和职责分工

目标管理要求每一个分目标都有确定的责任主体。因此预定目标之后,需要重新审查现有组织结构,根据新的目标分解要求进行调整,明确目标责任者和协调关系。

(3)确立下级的目标。首先由下级明确组织的规划和目标,然后商定下级的分目标。在讨论中上级要尊重下级,平等待人,耐心倾听下级意见,帮助下级发展一致性和支持性目标。分目标要具体量化,便于考核;分清轻重缓急,以免顾此失彼;既要有挑战性,又要有实现的可能。每个员工和部门的分目标要和其他的分目标协调一致,以支持本单位和组织目标的实现。

(4)上级和下级就实现各项目标所需的条件以及实现目标后的奖惩事宜达成协议。

分目标制订后,要授予下级相应的资源配置的权力,实现权责利的统一。由下级写成书面协议,编制目标记录卡片,整个组织汇总所有资料后,绘制出目标图。

2. 实现目标过程的管理

目标管理重视结果,强调自主、自治和自觉。但这并不等于领导可以放手不管,相反,由于形成了目标体系,一环失误就会牵动全局。因此,领导在目标实施过程中的管理是不可缺少的。首先,进行定期检查,利用双方经常接触的机会和信息反馈渠道自然地进行;其次要向下级通报进度,便于互相协调;最后,要帮助下级解决工作中出现的困难问题,当出现意外、不可测事件严重影响组织目标的实现时,也可以通过一定的手续,修改原定的目标。

3. 总结和评估

达到预定的期限后,下级首先进行自我评估,提交书面报告;然后上下级一起考核目标完成情况,决定奖惩;同时讨论下一阶段目标,开始新循环。如果目标没有完成,应分析原因,总结教训,切忌相互指责,以保持相互信任的气氛。

(三)目标管理的优点与缺点

目标管理在全世界产生很大影响,但实施中也出现了许多问题。因此必须客观分析其优劣势,才能扬长避短,收到实效。

1. 目标管理的优点

(1)目标管理能给组织内易于度量和分解的目标带来良好的绩效。对于那些在技术上具有可分性的工作,由于责任、任务明确,目标管理常常会起到立竿见影的效果;而对于技术不可分的团队工作,则难以实施目标管理。

(2)目标管理有助于改进组织结构的职责分工。由于组织目标的成果和责任力图划归一个职位或部门,容易发现授权不足与职责不清等缺陷。

(3)目标管理启发了自觉,调动了员工的主动性、积极性、创造性。由于强调自我控制、自我调节,将个人利益和组织利益紧密联系起来,因而提高了士气。

(4)目标管理促进了意见交流和相互了解,改善了人际关系。

2. 目标管理的缺点

在实际操作中,目标管理也存在许多明显的缺点,主要表现在以下几方面。

(1)目标难以制订

组织内的许多目标难以定量化、具体化;许多团队工作在技术上不可解;组织环境的可变因素越来越多,变化越来越快,组织的内部活动日益复杂,使组织活动的不确定性越来越大。这些都使得组织的许多活动制订数量化目标是很困难的。

(2)目标管理的哲学假设不一定都存在

Y理论对人类的动机作了过分乐观的假设,而实际中的人是有"机会主义本性"的,尤其在监督不力的情况下。因此许多情况下,目标管理所要求的承诺、自觉、自治气氛难以形成。

(3)目标商定可能增加管理成本

目标商定要上下沟通、统一思想是很费时间的;每个单位、个人都关注自身目标的完成,很可能忽略了相互协作和组织目标的实现,滋长本位主义、临时观点和急功近利倾向。

(4)有时奖惩不一定都能和目标成果相配合,也很难保证公正性,从而削弱了目标管理的效果

鉴于上述分析,在实际工作中推行目标管理时,除了掌握具体的方法以外,还要特别注意把握工作的性质,分析其分解和量化的可能;提高员工的职业道德水平,培养合作精神,建立健全各项规章制度,注意改进领导作风和工作方法,使目标管理的推行建立在一定的思想基础和科学管理基础上;要逐步推行,长期坚持,不断完善,从而使目标管理发挥预期的作用。

(四)目标管理的功能

由于目标管理是超前性的管理、系统整体的管理和重视成果的管理以及重视人的管理,因此它有以下功能。

1. 克服传统管理的弊端

传统管理主要有两大弊端:一是工作缺乏预见和计划,没事的时候,尽可悠闲自得,一旦意外事件发生,就忙成一团,成天在事务中兜圈子;二是不少组织中的领导信奉传统官僚学的理论,认为权力集中控制才能使力量集中、指挥统一和效率提高。

2. 提高工作成效

目标管理不同于以往的那种只重视按照规定的工作范围和工作程序和方法进行工作的做法,而是在各自目标明晰、成员工作目标和组织总目标直接关联的基础上,鼓励组织成员完成目标。同时,目标同客观的评价基准和奖励相配套。这有利于全面

提高管理的绩效。

3. 使个体的能力得到激励和提高

在管理目标建立的过程中,成员可以各抒己见、各显其能,有表现其才能、发挥其潜能的权利和机会;工作成员为了更好地完成其职责和个人目标,必然加强自我训练和学习,不断充电,提高能力;目标管理的确定,既根据个人的能力,又具有某种挑战性,要达到目标,必须努力才有可能。

4. 改善人际关系

根据目标进行管理,组织的上下级沟通会有很大的改善,原因在于:一是目标制订时,上级为了让员工真正了解组织希望达到的目标,必须和成员商量,必须先有良好的上下沟通和取得一致的意见,这就容易形成团体意识。二是目标管理理念是每个组织成员的目标,是为组织整体完成并且根据整体目标而制订的。

第三节 职业目标的分析与评估

一、职业目标分析

(一)目标定位和分类

为了帮助大学生准确把握大学时期应包含的目标,科学制订目标,需要对大学生目标进行定位和分类。

1. 目标定位

大学生目标定位是指大学生根据社会期望和自身发展的需要,确立奋斗目标和发展方向的过程。横向上涵盖了大学生知识、能力、素质等方面的发展目标定位,纵向上大学生在各个年级、各个时期都应有自己的近期、远期目标。可以说,目标定位是大学生成长的出发点和归宿,它制约着大学生成长的整个过程。

大学生在确立自己的目标时,应充分考虑社会对大学生能力和素质的普遍要求,同时要考虑专业发展方面的要求,在培养自己沟通和表达能力、协调和管理能力、知识的运用和动手能力、预测与决策能力、创业创新能力等基本能力的基础上,以专业为突破口,学好专业基础知识,在实践中验证所学知识,在应用中促进专业知识的学习和把握。

2. 目标分类

(1)按时间长短分为短期目标、中期目标、远期目标等。

(2)按目标内容分为理论学习目标、实践训练目标、活动参与目标等。

(3)按目标支撑逻辑分为专业学习目标、职业目标、人生目标。

大学生应统筹考虑,分模块设计目标,将近期、远期目标结合,确定人生目标。确立目标后,放眼大目标和远期目标,着手小目标和短期目标。就大学生而言,应按照学校的培养方案和培养目标,清楚大学阶段需要完成的学业,以及需要具备的各项能力和素质,然后借助学校资源设计自己的目标体系。

(二)确立科学目标

科学、合理的目标定位不仅可以为大学生的自我发展提供导向,也有利于调动大学生的积极性、主动性和创造性。科学、合理的目标应该具有以下特征。

1. 完整

人生目标需要涵盖生活的各个层面。一个拥有大量财富的人需有强健的体格才能享用,只有健全的人才能真正享受美好、快乐的人生。

人生是个连续发展的过程,也是一个由个体与环境交互作用而产生生理、心理改变的过程。其发展方向大致有五个：认知发展、生理发展及身体发展、社会发展、情绪发展与人格发展。生理发展偏重于遗传、神经、荷尔蒙与行为的关系；身体发展偏重于身体的改变；认知发展偏重于心智的活动——思考、知觉、记忆、注意力、语言等；社会发展着重于个人与他人、环境的互动；情绪发展着重于个人的情感表达；人格发展则着重于个人的特质。

五种发展相互影响、相互作用，唯有生理、身体、认知、社会、情绪、人格均衡发展的人才是健全的人。所以，人生目标需要涵盖生理与身体、认知、社会、情绪、人格五项。

2. 清楚

目标应当尽量清楚、具体化，不能太笼统。例如，一个英语成绩不好的大学生想要改变学习落后的状况，他给自己设立了这样的学习目标："我英语一定要取得好成绩。"这个目标是含糊的，何谓好成绩呢？不具体、无法量化的目标具有虚伪性，无法评估。

我们再举个例子同上例进行比较："我每周要参加一次英语角，看一场原版英文电影，每天阅读一篇不少于200字的英语短文，并在下学期的CET-4考试中取得500分的好成绩。"

与上一例比较，这一目标就清楚、具体得多，在评估自己是否实现目标时，也会很直接明了。因此，目标需要清楚，可以被明确评估。例如，拥有度假村中房子两栋、到北欧四国自助游等，而不是飞黄腾达或功成名就这类模糊的形容词。

3. 合理

目标必须合理，不切实际的目标只会给自己造成不必要的压力和挫折。难度太高的或不切实际的目标是不合理的、不科学的目标，例如，每日锻炼10小时的身体、背5小时的英语单词就不合理。

目标并非定下后就决不更改，随着对目标的了解，可能需要对目标做些弹性的调整。例如，原本计划三年完成大学本科课程，搜集相关信息之后发现不能完成，只能用正常的四年时间来完成。

第六章 让梦想照进现实——探索职业生涯目标

如果目标确实行不通,那么就要尝试去订立另一个目标。例如,牛顿早年就是永动机的追随者,在遭遇了大量的实验失败后,他非常失望,但他很明智地退出了对永动机的研究,而在力学研究中投入了更大的精力。最终,许多永动机的研究者抑郁而终,而牛顿却因摆脱了永不能实现的目标,而在其他方面脱颖而出。

(三)目标的管理

目标确定后,需要对目标进行管理。目标管理主要是对确立的目标进行分解,对目标进行评估,分出主次和先后顺序,以便逐步实施。同时,要适时对完成效果进行监控,并根据情况调整下一步实施方案。

1. 划分目标

一个大目标往往让人不知道从何处入手,或者在追求目标的过程中缺乏信心,因此,可以将目标按目标类别进行划分。具体方法是:当目标确定后,第一步是在纸上列出达到目标所要具备的能力、技术或条件等;第二步是规划获得这些能力、技术和条件所需的时间,然后将第二步骤的结果安排在长期、中期、短期及每日的计划中,那么今后每天仅需要完成当天的工作,而不必担心是否能完成终极目标。

对长期目标进行划分,核定每天应该完成的工作量十分必要。因为一个完整全面的目标不可能一蹴而就,如果不作划分,就会因为目标的长期性和艰巨性而丧失完成的信心和坚持的勇气。

目标划分并非仅适用于长期目标,即使是短时间需要完成的目标,也可分为长、中、短期目标,因为这种分类只是相对的。例如,期末复习中,可以把所有课程的复习分为明确课程重点和难点、掌握重点、突破难点三个阶段,计划好完成每一阶段的时间,每完成一个阶段的工作可当作对自己的一次鼓励与反馈,促使自己向下一个目标迈进。这样,将目标分为若干阶段,既可以理清思路,掌握实现目标的节奏,减轻开始着手实现目标时的压力,也有利于保证高效、高质量地实现目标。

2. 评估目标

太多的目标会分散有限的时间、精力,最终将会一事无成。然而面对众多目标,又该如何取舍呢?

拉肯恩(Lakein)提出了 A、B、C 分类法,他把工作根据其重要性定出工作优先序列表。首先在纸上列出所有的工作,然后逐一评估各项工作,在重要的工作前标上 A,次重要的工作前标上 B,最不重要的工作前标上 C。当完成目标分类的工作后,再将 A 类中的工作依照其重要性进行排序,因为所有的工作不会具有同等的价值,至于 B、C 类的工作则暂时搁置。

3. 监控目标

抓住重点目标后,要对目标的实施过程和效果进行审视。我们生活在一个多维而复杂的社会环境中,很容易受到生活环境的影响,可能会偏离主要目标,可能陷在日常琐碎事务处理中,可能因为环境的影响产生了消极情绪等。因此我们要适时对重点目标的进程进行监控,当偏离主要目标时要纠正;当遇到日常琐碎事务时,要及时快速处理;当情绪受到影响时,要尽快调整,及时回归主要目标,有效实施主要目标。目标监控过程中要有量的陈述,如完成多少、百分之几、达到什么级别等;还需要有时限,否则就很容易被遗忘,如几月几日以前英语要过四级、几月几日以前英语要达到雅思 6 分水平等。

二、职业目标的评估

个人事业的成败,很大程度上取决于有无正确适当的目标。没有目标如同驶入大海的孤舟,茫茫一片,没有方向,不知道自己走向何方。只有树立了目标,才能明确奋斗方向,目标犹如大海上的灯塔,引导你避开险滩暗礁,驶向成功的彼岸。

第六章　让梦想照进现实——探索职业生涯目标

在人生的发展阶段,社会环境的巨大变化和一些不确定因素的存在,会使我们与原来制订的职业生涯目标与规划有所偏差,这时需要对职业生涯目标与规划进行评估和做出适当的调整,以使其更加符合自身发展和社会发展的需要。职业生涯规划的评估与反馈过程是个人对自己不断认识的过程,也是对社会不断认识的过程,是使职业生涯规划更加有效的有力手段。

职业生涯规划具体实施的过程,是一个与规划相反的过程,要先从具体的、短期的目标开始实施,等短期目标逐个实现了,中期目标就开始实现,而中期目标实现了,长期目标也就会逐步实现。同时,一个好的规划应该是可修正的,各种计划都有反馈机制,要根据实施结果及时评估并修正。

(一)职业生涯成功的标准

职业生涯成功是指个人职业生涯目标的实现。因此,弄清职业生涯成功的标准与影响因素,有利于我们对职业生涯进行评估。

怎样的职业生涯才算是成功的？对不同的人来说,成功的标准不一样,有很强的相对性,衡量的标准全由自己的希望与需要来确定。每个人的价值观不同,职业需求不同,对成功的理解也会有差别。每个人都可以,也应该对自己的职业生涯成功进行明确的界定,包括成功意味着什么、一定要拥有的东西、成功的时间和范围等。

虽然,成功没有统一的标准,但是,每个人都应当有自己明确的成功标准,并时时用这个标准来检验实际的行动。

一般认为,职业生涯成功的标准有以下五种。

(1)进取型。视成功为升入组织或职业的最高阶层,特别注重在群体中的地位,追求更高的职务。

(2)安全型。追求被认可、稳定,视成功为长期的稳定和相应不变的工作。

(3)自由型。追求不被控制,视成功为经历的多样性,希望有工作时间和方法上的自由,最讨厌打卡机。

（4）攀登型。追求挑战、刺激、冒险，愿意做创新工作，视成功为螺旋式上升、自我完善。

（5）平衡型。视成功为家庭、事业、自我等均衡协调发展。

要对职业生涯的成功进行全面的评价，必须综合考虑个人、家庭、企业和社会等各方面的因素。

有人认为职业生涯成功意味着个人才能的发挥以及为社会作出贡献，并认为职业生涯成功的标准可分为"自我认可""社会承认"和"历史判定"。对于企业管理人员来说，按照其人际关系范围，可以将其职业生涯成功的标准划分为自我评价、家庭评价、企业评价和社会评价四类评价体系。如果一个人能在这四类体系中都得到肯定的评价，则其职业生涯无疑是成功的。

（二）职业目标评估的意义

1. 评估是改进职业生涯规划的重要环节

只有完成了评估，一个职业生涯目标实现的过程才完整。无论短期职业生涯规划目标的实现是成功还是失败，其经验或教训都可以成为下一个生涯目标改进和完善的依据。在实施职业生涯规划的过程中，自觉地总结经验和教训，评估职业生涯规划，可以修正对自我的认知，完善个人早期职业生涯规划，纠正最终职业目标与阶段职业目标的偏差。

2. 评估是继续完成职业生涯规划的必要前提

职业生涯规划包含着一系列的短期、中期计划，彼此之间都不是孤立存在的，任何一个新的目标总是以完成的目标效果为背景和基础，如果前一个目标的问题没有被发现和解决，必然会对新的目标造成不良影响。

3. 评估是激励自己继续前进的动力

通过评估与修正还可以极大地增强自己实现职业目标的信

心。一个短期或中期目标顺利完成,通过评估可以使自己看到完成的效果,甚至享受成功的喜悦,从而提高个人的自信心,为完成下一阶段的目标创造良好的心理氛围。

(三)职业目标评估的程序

1. 重温生涯目标

(1)保证经常回顾你的构想和行动计划。有的人虽有计划,但总不将计划放在心上,不知道自己努力的方向在哪里。

(2)把你的构想和任务方案存入电脑,或贴在床头等可经常看见的地方,时刻提醒自己。

(3)当你做出一个对生活和工作极其重要的决定时,请考虑一下你的构想和行动计划,并确保你正在仔细考虑的决策与你的本意相符。

(4)常常问一问:你正在做的是最想做的事吗?你真的适合做这个职业吗?你能如期完成既定目标吗?是否将重心放在了最重要的地方?

2. 分析当前的实际情况与当初目标的吻合程度

(1)确定精确的位置,判断实际行为效果与期望值的偏差。
(2)研究导致失败结果的原因。

3. 运用结果修正、完善目标

(1)采取及时、适当的纠正措施。
(2)调整策略,改变行动。

经常自省是必要的,过程监督也十分重要,保证至少每三个月检查一次你的工作进度。

有意识地回顾得失,检查验证前期策略措施的执行效果,可以有针对性地提出解决方案,纠正阶段目标中出现的偏差。

（四）职业目标评估要点

评估可以参照各类短期、中期预定目标和实际结果。一般来说，任何形式的评估都可以归结为自我素质和现实环境的适应性判断，分析自己的现状，特别是针对变化的环境，找出偏差所在，并做出修正。

1. 分离出最新的要求

针对变化了的内外环境，要善于发掘最新的趋势和影响。俗话说"跟上形势"，对于新的变化和需求，找出相应的策略才是最有效而且最有新意的。

2. 找到突破方向

有时候，在某一点上取得突破性的进展将使整个局面发生意想不到的改变。想一想，先前规划中的策略方案，哪一条对于目标的达成应该有突破性的影响？达到了吗？为什么没达到？如何寻求新的突破？

3. 关注最弱点

管理学中有个著名的木桶理论，即一只木桶，其容量的大小，不取决于最长的那块木板，而取决于最短的那块木板。在反馈评估过程中，当然要肯定自己取得的成绩与长处，但更重要的是根据变化的环境，发现自己的素质与策略的"短板"，然后想办法修正，或者把这块短板换掉，或者接补增长。唯有如此，你的职业生涯这只桶才能有更大的容量。

一般来说，"短板"可能存在于下列方面。

（1）观念差距。观念陈旧往往会造成策略的失误，导致行动失效。

（2）知识差距。按照实施策略所积累的知识仍然不够，还是学错方向了？

（3）能力差距。环境在变化,对人的能力要求也是在不断变化的。彼一时你通过种种努力提高了某些能力,但此一时可能又会出现新差距。另外,前一阶段是否坚持按计划措施来提高能力了？提高了多少？遇到过什么困难？这对后一阶段都有重要的启发。

（4）心理素质差距。很多时候,我们没有取得预期的进步,并不是规划不够好,或者措施不得当,而是心理素质不够。一个人职业生涯的发展,首先是心理素质的提高过程。

第四节 职业目标的修正

职业目标的制订实际上是一个动态的过程,由于现实社会中有许多不确定因素的存在,新的情况不断涌现,会使大学生原来制订好的职业生涯目标与现实情况有所偏差,这就要求大学生不断反省,通过目标和行动方案的反馈信息及时做出相应的修正或调整,从而保证最终实现人生理想。上一节我们已经对职业目标进行了分析和评估,下面就是要根据评估的结果进行目标和策略方案的修订了。

一、职业目标实施方案修正的目的

通过评估和修正,应该达到下列目的。
（1）决定放弃或者坚持自己的目标,并进行必要的调整。
（2）明确影响实施效果的关键因素,对实施方案的合理性加以认识。
（3）对需要改进之处制订调整计划,以确定修订后的实施方案能帮自己达成生涯目标。

二、职业目标实施方案修正的内容

以上问题的答案将作为修正新的职业生涯与发展规划的参考依据。对职业生涯与发展规划进行修正的内容包括以下几方面。

（1）生涯目标的重新选择。

（2）生涯发展路线的重新确定。

（3）阶段性生涯目标的调整。

（4）生涯发展目标的调整。

（5）生涯目标实施方案的变更等。

在此过程中，应注意回答以下问题。

（1）你的人生价值是什么？

（2）你有哪些知识、技能和条件？

（3）你最感兴趣的事情是什么？

（4）你的人格特质是什么？

（5）你是否好高骛远？

（6）你建立了自己的就业信息网络吗？

总之，职业生涯规划完成并实施后，我们必须对阶段性的结果进行评估，根据评估的结果找出规划与结果之间的差距，分析出差距产生的原因，有针对性地对计划进行调整，并按新调整的方案有效地围绕目标行动。

三、修正行动计划

实施生涯规划时，必须为日后可能的计划修改预留余地，修正的依据是每次评估后反馈回来的信息。至于计划修正的时机，必须考虑以下三点。

（1）以周、月或学期为单位，定期检查预定目标的达成进度及取得的效果。

（2）每一阶段目标达成之时，要依据实际效果，修订未来阶段目标可采用的策略。

（3）主观因素、客观环境改变影响到计划的执行。

四、修正应考虑的因素

（一）环境因素

环境因素包括社会环境、政治环境、经济环境、科技环境、自然环境、法律环境等。从宏观层面认识到职业生涯发展的局限和可能，个人只能适应而不可改变。

（二）组织环境

组织环境包括组织规模、组织结构、组织文化、组织发展状况、人力资源规划、人力资源管理系统类型、晋升政策、人际关系等一切与职业生涯发展有关的组织因素。要改变组织因素非常困难，但个人可以选择到最适合自己发展的组织中工作。

（三）个人因素

个人因素包括年龄、性别、学历、工作经历、家庭背景、人格等。一方面你要正确认识自己，另一方面要不断完善自己。组织和个人只能使用第一因素，正确认识和分析第二、第三因素，寻求个人发展和组织发展的最佳匹配。总之，生涯目标实施方案的评估和修正可以按以下模式进行（表6-6）。

表6-6 评估和修正表

阶段目标	
实施结果	
存在的差距	
差距产生的原因	
修正措施	

总之，职业生涯规划是一个持续动态的过程，有效的职业生涯规划需要不断地反复修正职业生涯目标，反省策略方案是否恰当，以适应环境的改变，同时可以作为下一轮规划的参考依据。

第七章 认识外面的风景
——探索外部职业世界

在职业生涯规划教育中,要想取得良好的教育效果,就必须先了解职业,即进行必要的职业世界认知教育。只有通过职业认知教育,从业者才能对职业有一个深入的认识,也才能根据自己的实际情况制订科学合理的职业规划。

第一节 探索工作世界的维度

一、工作世界的概貌

我们处在一个日新月异的时代,工作也在这样的时代持续变化着。中国有句古话"三百六十行,行行出状元",今天行业早已超出了三百六十行,随之衍生出三千甚至三万种职业。这样的变化一方面使我们看到了从事新奇职业的可能性,一方面使得对工作世界的探索难上加难。但不可否认的是,了解工作世界我们既要了解宏观的工作世界概貌,也要了解有关工作的一些微观事实。

职业是指人们从事的相对稳定的、有收入的、专门类别的工作。职业是某种精细的、专门具体的社会分工,能反映一个人的社会身份、社会地位与自身的知识、能力、素质水平等。

对职业的理解由三个方面组成:行业、职位和组织。

首先,任何一份职业都处在不同的行业中,而行业的整体发展趋势也必然影响职业的发展。进入什么类型的行业应该主要考虑自己的职业兴趣。其次,一份职业最主要的工作内容是通过职位来体现的。不同的职位会有不同的工作内容,需要不同的能力,在自我探索中能力的探索指向的是职业当中的职位,同学们可以参照心仪职位的招聘启事来了解自己需要在大学培养的能力。最后,不同企业的组织文化会影响个人的工作满意度。对职业的需求标准可以通过个人工作价值观的探索进行选择和调整。

在了解职业的过程中,我们还必须明白,每一份职业都有优点和缺点。由于职业价值观的不同,不同的人也会对同一职业产生不同的感受。例如外资企业的高薪带来的是压力和竞争;事业单位的稳定伴随的是程序化和呆板。因此,要知道没有哪一种工作能够完全满足你所有的需要。我们的决定很可能不会持续一生,而需要不断调整和变化才能保持满意感。我们需要学会的是如何应对工作的变动,而不是如何去避免它。

二、工作世界的发展趋势

进入21世纪,工作世界在经济全球化的大背景之下发生着翻天覆地的变化。中国的劳动力市场也在这样的大背景之下经历快速的发展与变化。这些变化既有和其他国家共性的部分,也有和其他国家不同的个性化特征,这些变化主要包括以下几方面。

(一)劳动力的变化

中国是世界上劳动力资源最丰富的国家,虽然我国已经走出了最严峻的就业困境,但是我国的劳动力市场供大于求的状况仍然要持续多年。供大于求的现状一方面是因为农村解放出的劳动力人口不断增加,另一方面是因为高校连年扩招使得大学生毕业人数不断增长。

劳动力供给结构性短缺的另一表现就是技能型人才短缺和大学毕业生过剩,这与我国经济迅猛发展,尤其以制造业的快速

第七章 认识外面的风景——探索外部职业世界

发展有着极为密切的关系。尽管近年我国总体就业趋势是供大于求,但是对于大多数技术工种则是需求多于供给,技能型人才短缺已成为我国经济发展的瓶颈。

我国就业市场的结构性失业也体现在大学生就业选择上。很多大学生把留在大城市作为自己就业的唯一目标,使得"北上广"等大城市人才过剩,而真正需要人才的中西部地区却招不到合适的人才。除了地理因素,基层就业冷、创业冷等都是造成我国现阶段结构性失业的主要原因。

劳动力的变化除了上述总体趋势外,还受到多种因素的影响,包括行业因素、教育、经验、准入因素等。如果我们过多地把我们的决策建立在劳动力市场的需求和现状上,我们可能就会遭遇进入我们不喜欢领域的风险。如果我们的决策更多的是建立在有趣的和有吸引力的事情上,我们会发现自己训练有素、富有情感,但可能面临失业的风险。因此,我们在考虑自己的职业时必须学会合理地平衡两者之间的关系。

(二)技术及职业变化加快

科技化和自动化的结果,导致工作内涵发生变化。因此,未来只有具备广博的知识和专门技术的职业人员才能更好地胜任工作。技术更新的加快也使得失业率不断提高,今天能胜任的工作会因为新技术的使用而不再能够胜任。因此,未来是知识的时代,只有不断学习新的工作技能,发展多职能才有可能适应不断变化的工作世界。

全球化的竞争带来的是新企业不断的建立和原有企业的不断破产。在一个企业工作到退休的时代一去不复返,我们不得不改变自己的工作态度,适应组织扁平化的发展趋势,自己为自己的发展负责。

技术的进步也使得研究与发展型的工作日趋重要。创新是企业发展的根源,未来依然需要高知识型人才,未来的工作世界也必然会成为"学习的社会",树立终身学习的观念对于适应这些变化是必需的。

（三）工作价值观的改变

就业市场带来的变化也体现在了价值观的改变上。从传统的"我是革命一块砖，哪里需要哪里搬"的集体主义工作价值观，到现在自己为自己的成长负责，追求自我实现，80后与90后重新定义了工作的意义和价值。在自由竞争的环境下，企业的快速建立与破产，使得对企业"从一而终"的价值观不复存在，如何在变化的工作中成长是每一个职业人必须解决的生涯问题。

对于在校大学生来说，与其用"计划赶不上变化"为借口浑浑噩噩过日子，不如积极应对，提升自我适应能力。

三、职业与新职业

（一）职业

从数量上看，职业群体是非常庞大的。美国的《职业名称词典》定义了12700多种不同的职业，这些职业中有很多没有太大意义，因为大约95%的劳动力都集中在400多种职业中。可是即便只有400多种，依然是很庞大的数字。我们如何认识清楚所有的职业？最简单的方法就是将他们进行分类。

职业分类就是按不同职业的性质和活动方式、技术要求及管理范围进行系统划分和归类，以达到劳动力素质与职业要求相适应的活动过程。

《中华人民共和国职业分类大典》将我国职业归为8个大类，66个中类，413个小类，1838个细类（职业）（自《大典》出版以后，每年都要出增补版本，增补新增加的职业类型）。

八个大类分别是：

第一大类：国家机关、党群组织、企业、事业单位负责人，其中包括5个中类，16个小类，25个细类。

第二大类：专业技术人员，其中包括14个中类，115个小类，

379个细类。

第三大类：办事人员和有关人员，其中包括4个中类，12个小类，45个细类。

第四大类：商业、服务业人员，其中包括8个中类，43个小类，147个细类。

第五大类：农、林、牧、渔、水利业生产人员，其中包括6个中类，30个小类，121个细类。

第六大类：生产、运输设备操作人员及有关人员，其中包括27个中类，195个小类，1119个细类。

第七大类：军人，其中包括1个中类，1个小类，1个细类。

第八大类：不便分类的其他从业人员，其中包括1个中类，1个小类，1个细类。

（二）新职业

产业的不断细分，导致社会分工越来越明确，对从业人员的专业要求也越来越高。我国近年来的职业变迁，体现了这样两个特点：首先，职业分类越来越细、越来越专业。比如，银行职员这个职业有了进一步的划分，更加专业化，出现了资金交易员、资金结算员、清算人员等新职业。其次，职业的标准化程度提高，与国际职业发展接轨。比如，我们把以前的供销员改为市场营销员；企业和公司负责人也不再笼统地称为厂长或经理，而演变出不同层级的职业，如董事长、总经理（总裁）、CEO、总监、部门经理、项目经理等。

在我国，新的职业正以惊人的速度产生着。这些新职业的开发和评定，并不仅仅以职业的冷热程度和从业人数的多少为标准，更重要的还是考虑这个职业是否具备了较高的技能性、是否具有向大众推广的可行性，以及这个职业将产生怎样的社会影响和价值。这些新职业主要分为两种情况：一是全新职业，就是随社会经济发展和技术进步而形成的新的社会群体性工作；二是"更新职业"，是指原有职业内涵因技术更新产生较大变化，从业方式与原有职业相比已发生质的变化。比如说过去只有传统的车工,随着数字技术在制造业中的广泛应用,又出现了数控车工。

新涌现出来的大批新职业,主要集中在第一、第二产业的高新技术产业和蓬勃发展的第三产业。从分布情况来看,新职业主要分布于基因和转基因工程、遗传工程、生态农业、生化试验等高新技术领域,加工中心、环境监测、计算机辅助设计、计算机辅助制造、纳米材料生产等领域也冒出大批新职业,而新职业分布最广的是社会服务领域。

四、岗位

岗位也称职位。在组织中,在一定的时间内,当由一名员工承担若干项任务,并具有一定的职务、责任和权限时,就构成一个岗位。

岗位设置的时候,也是对承担的责任进行划分。一般区分为主责、部分和支持三类,确定配合关系。主责是指某一个人所负的主要责任;部分指只负一部分责任;支持是指责任很轻,只协助他人。每个岗位的主责、部分和支持一定要划分清楚。

五、工作分析

(一)工作分析的含义

工作分析,即岗位分析,就是对组织中某个特定工作职务的目的、任务或者职责、权力、隶属关系、工作条件、任职资格等相关信息进行收集与分析,以便对该职务的工作作出明确的规定,并确定完成该工作所需要的行为、条件和人员的过程。

(二)工作分析的内容

工作分析主要包括工作说明和工作规范两方面的内容。

第七章 认识外面的风景——探索外部职业世界

1. 工作说明

工作说明是用来确定职位基本信息和工作的具体特征,如对工作的目标、范围、任务、内容、责任、考核标准、方法和工作环境等的详细描述,主要包括以下内容。

(1)"做什么"是指员工所从事的工作活动,主要包括以下内容。

①任职者需达到的工作目标。

②任职者需完成的工作内容。

③任职者完成此工作需达到的工作标准。

(2)"为什么做"是指任职者的工作目的及该项工作在整个组织中的作用,主要包括以下内容。

①该项工作的目的。

②该项工作与组织中的其他工作之间的联系。

(3)"谁来做"是说明谁从事此项工作及组织对从事该工作的人员所必备的素质要求,主要包括以下内容。

①对身体素质的要求。

②对知识技能的要求。

③对相关工作经验的要求。

④对教育和培训的要求。

⑤对个性特质的要求。

(4)"何时做"是指对员工从事此项工作的时间安排,主要包括以下内容。

①对工作时间的安排,以及工作的时间特征。

②对该项工作每日、每周和每月的工作进程的安排。

(5)"在哪里做"是指员工工作的地点、环境等,主要包括以下内容。

①从事该工作的自然环境。

②从事该工作的社会人文环境。

（6）"为谁做"是指员工从事的工作与组织中的其他部门之间的相互关系，主要包括以下内容。

①负责该工作的部门直接上级，即员工请示汇报的对象。

②在工作过程中，由于横向的需要，应与组织中的哪些部门、哪些人员取得联系。

（7）"怎么做"是指员工如何从事或者组织要求员工如何从事此项工作，主要包括以下内容。

①工作程序、规范。

②开展该项工作所必备的各种硬件、软件设施。

③从事该工作所需要的权利。

2. 工作规范

工作规范是指完成某项工作所需要的知识、技能及职责、程序的具体说明，它是工作分析结果的一个组成部分。工作规范可以让员工更详细地了解其工作的内容和要求，以便顺利地进行工作。工作规范主要包括以下内容。

（1）知识与学历，指完成某项工作的知识要求和学历要求。

（2）技能要求，指完成某项工作所应具备的基本技能。

（3）身体素质要求，指身体健康状况。

（4）工作职责和工作权限，指对其他人和自己的工作职责、工作权限。

（5）工作环境和工作条件，指工作场所、工具设备、工作危害等。

第二节 探索工作世界的方法

一、探索工作世界的常规方法

职业认知的方法有很多种，可以根据自己的实际情况选择适合自己的方法。简单来说，个人进行职业探索通常采取查阅资料、

第七章　认识外面的风景——探索外部职业世界

职业咨询、参观实习、生涯人物访谈的方法。

（一）查阅资料

查阅资料，是将个人希望了解的职业方向，通过网络、书籍、期刊及有关声像资料，进行初步查阅。首先选定各种典型职业，然后对其入门所需的基本条件如学历、资格证书、身体条件等进行查阅。通过查阅使自己对做好职业工作所需要的知识、技能、生理条件及个性特征有一个初步的认识，对该职业的生存环境及发展前途，以及个人循此发展可能取得的职业成就等形成初步印象。现代社会网络极其发达，充分利用网络资源了解职业环境是进行职业探索的主要方法之一。

这种方法的优点是方便、快捷、信息量大、成本低，但同时存在的不足为间接的、隔离的信息，可能与现实感受有差距。

（二）职业咨询

针对大学生的职业咨询可以分为两类：一类是与相关的从业人员进行职业交流和讨论，一类是寻求专业的职业咨询类的服务机构和服务人员。

通过和相关的从业人员交流，了解相关职业的知识、技能需求、待遇和发展前景。

交流的职业内容主要是：工作性质、任务或内容，工作环境，就业地点，所需教育、培训或经验，所需个人的资格、技巧和能力，收入或薪资范围、福利，工作时间和生活形态，相关职业和就业机会，组织文化和规范，未来展望等。另外，还要提醒大学生们在与相关从业人员的讨论中关注如下问题：喜欢这个工作的什么？不喜欢什么？对自己进入这个领域有什么建议？

这种访谈法的好处是结果比较客观，对工作的要求比较客观。进行职业交流讨论，意味着与别人共享对职业的探索结果。个人对职业的探索总是有局限性的，与别人一起讨论大家都感兴趣的职业问题、共享职业探索成果，会互相打消一些不现实或前景暗淡的东西,而共同发现一些更好的东西、更多的前进道路。

但是,由于访谈对象的不同,结果可能差异很大:有的人对职业比较积极,赞誉较多;有的人对职业比较消极,可能评价较低。因此,向专业的职业咨询服务机构和服务人员求助成为另一种可能。

目前我国职业咨询类服务初具发展,进行职业咨询成为新鲜事物之一。向专业人士寻求帮助,走出求职择业的误区与困惑更为实际。

(三)参观实习

参观,是到相关职业现场短时间的观察、了解。通过参观,可以了解职业相应工作的性质、内容,职业环境及氛围,获得实实在在的职业感受。这样能得到切身的感受,但无法对职业的实质深入了解,易被营造的氛围迷惑。

更进一步是实习,即到职业场所进行一定时间的打工、义务劳动或教学实习、实践。实习是一种比较全面的了解职业的方法,实习可以更深入、更真实地对职业的工作任务、工作要求、工作环境及个人的适应情况进行了解、判断,可以了解工作的程序、报酬、奖罚、管理及升迁发展的各种信息,还可以通过与工作人员的实地接触,感受职业对人的影响。

(四)生涯人物访谈

生涯人物访谈是通过对现实生活中职业人的访谈来了解自己感兴趣的职业的方法。相比较其他的方法,生涯人物访谈能帮助个人收集做出明智职业生涯决策的信息。扩大你的职业人际关系网,树立工作面试的信心,确定你的专业实力和不足,帮助个人更好地了解组织,从内部看组织。在进行生涯人物访谈时一定注意不要利用生涯人物访谈来找工作或开展职业面试,这样不但会使你感到尴尬,也会使潜在雇主反感。

二、职业环境因素分析

职业生涯规划需要充分了解相关的环境。职业环境分析，就是要认清所选职业在社会大环境中的发展状况、未来发展趋势等。可以通过评估环境因素了解其对职业生涯发展的影响，能够分析环境条件的特点，把握环境因素的优势和限制，从中找到制订个人职业生涯规划的依据。

（一）环境因素分析的作用

每个人都生活在一定的环境中，其成长与发展都与环境息息相关。俗话说，适者生存。在制订个人的职业生涯规划时，要分析环境的特点、环境的发展变化、自己与环境的关系、自己在特定环境中的地位、环境对自己提出的要求或挑战，以及环境对自己的有利条件与不利条件等。只有对这些环境因素充分了解，才能做出与环境相适应的职业生涯规划，才能做到在复杂的环境中避害趋利，使自己的职业生涯规划得以发展与实现。

职业环境无疑是个人职业生涯发展的外部约束条件，只有充分认识到外部条件的影响，个人的职业定位才会更加合理和现实，否则，脱离现实的规划和定位只会给求职者带来失望和打击。

（二）环境因素分析的内容

为了更好地进行职业选择与职业生涯规划，必须对外部环境进行分析，通过外部环境分析弄清环境对职业发展的要求、影响及作用，对各种影响因素加以衡量、评估，并做出反应。总的来说，就是要"知彼"，即进行社会环境整体分析和组织（企业）环境分析。组织与社会环境分析是对自己所处的环境进行分析，以确定自己是否适应组织环境和社会环境的变化，以及怎样调整自己以适应组织与社会的需要。短期的规划比较注重组织环境的分析，长期的规划要更多地注重社会环境的分析。

1. 社会政治、经济、文化与人口因素分析

一个社会的大环境对职业的类别和职业发展前景影响极大,从而也影响到个人职业生涯规划、选择和发展。因此,在进行职业生涯规划时,首先应对社会大环境进行分析。

(1)政治法律因素

当今社会具有政治制度和法律制度,这种政治法律环境对职业选择和职业发展有重要影响。大学生在进行职业生涯规划时,要了解以下几个方面:①政治环境因素,主要涉及国家的方针、政策,还包括教育制度、政治体制、经济管理体制、人才流动的政策等。②法律环境因素,指中央和地方政府的有关法律法规和有关规定。

(2)经济环境因素

经济环境也是社会环境因素的一部分,主要包括四个方面:①经济形势。其对职业的影响是最为明显又最为复杂的。当经济高速发展时,组织处于扩张阶段,对人力资源的需求量增加。②劳动力市场供求状况。我国现在的状况是高级管理人才和高级技术人才不足,具有初级技能和无技能的劳动力供给相对充裕。③收入水平因素。④经济发展水平因素。

(3)社会文化环境因素

社会文化环境包括教育条件和水平、社会文化设施等,在良好的社会文化环境中,个人能得到良好的教育和熏陶,从而为职业发展打下坚实的基础。

社会文化是影响人们行为、欲望的基本因素,社会文化反映着个人的基本信念、价值观和规范的变动。我国是一个大国,社会文化的复杂性决定个人职业选择与职业发展要考虑组织(企业)所在地的文化因素。大学生在进行职业生涯规划时,主要了解的内容包括以下几个方面:①社会政策。主要是人事政策和劳动政策。②社会变迁。比如知识经济和信息化社会的发展,就会对人的职业生涯发展产生较大的影响。③社会价值观。价值观

会随着社会的不断发展和进步而发生不同程度的变化,从而会影响社会对人的认识和对职业的要求。④科学技术的发展。科技的发展会带来理论的更新、观念的转变、思维的变革、技能的补充等,而这些都是职业生涯规划中不可或缺的要素。

(4)人口环境因素

人口环境尤其是个人所在地区的人文因素对职业选择与职业发展有重要的影响。

在进行职业生涯规划时,要考虑以下几个方面:①人口规模。社会总人口的多少影响社会人力资源的供给,从而影响职业选择和职业发展的机会。②年龄结构。不同的年龄段有不同的职业价值观,在收入、价值观念、生活方式和社会活动等方面都存在着差异。③劳动力质量和专业结构。它会影响职业选择和职业发展的机会。④人口的城市化。我国的城市化进程正在加快,劳动力正在由农业转移到非农业;由于户籍制度的改革,户籍对就业的限制已经放开,对就业市场造成了重大的影响。⑤人口老龄化。人口统计数据表明,当前我国人口正在迈向老龄化阶段,这种老龄化趋势将推动医疗保健行业和社会服务领域的就业机会增多。⑥人口流动。近期,就业和职业发展的机会主要还是集中于东部沿海地区,但近几年中央开发中西部地区的战略会对中西部的发展产生一定的推动作用。

2. 行业环境分析

所谓行业环境分析包括对目前所从事行业和将来想从事的目标行业的分析。分析内容包括行业的发展状况、国际国内重大事件对该行业的影响、目前行业优势与问题何在、行业发展趋势如何等。

行业与职业不同,行业是企业的集合。从事同类产品生产销售的企业或提供类似服务的企业达到一定的数量才形成一个行业。例如,同样是家电行业,就包括生产电视机、洗衣机、空调、冰箱等不同类型具体产品的若干家企业。在同一行业内,可以从事不同的职业。比如同样是从事教育业,有人憧憬大学教师职业,也有人选择办公室主任这样的行政管理职业;同在保险行业,可以做一名奔波于一线的业务员,也可以做人力资源部经理。

分析行业环境的时候,一定要结合社会大环境发展趋势。例如,科学技术的飞速发展会使某些行业如同夕阳坠落,逐渐萎缩、消亡;同时有许多极具发展前途的朝阳行业不断出现、发展起来。分析行业环境时还要注意国家政策的影响,看一看对某行业,国家的态度是扶持、鼓励还是限制、制约,尽量选择有前景、发展空间较大的行业。比如,我们国家近年来狠抓环境保护,推行可持续发展战略和清洁生产工艺;实施蓝天碧水工程;退耕还林、退草还林;保护生物多样性;在农业生产中控制化学品使用,开发"绿色食品"……环保产业在人们日益觉醒的环保意识中如初升朝阳,充满生机,环境保护设备生产、环保技术咨询等行业会提供大量岗位。

关注国家重大政策走向和社会发展潮流,将为我们的职业选择提供重要的抉择依据,帮助我们成功规划自己的职业生涯。从对环保行业的分析,我们可以看到:关注国家宏观政策及经济大势,是个人职业规划必不可少的功课之一。

3. 职业环境分析

所谓职业环境分析,就是要认清所选职业在社会大环境中的发展状况、技术含量、社会地位、未来趋势等。比如,当前热点职业有哪些,发展前景怎样;社会发展趋势对所选职业有什么要求,影响如何等。

有这样一个故事:一位打井的高手,凡经他指点的地方准能打出一口泉水不断的好井,有人向他请教诀窍,他回答说:"这打井也有学问,也要察行观势,找准位置。"

其实职场也是这样,要充分评估职业环境、职业要求及自身状况对职业生涯的影响,然后找准职业方位。其实找到职业方位,也便找准了职场的"风水线",自然会风生水起。

第七章 认识外面的风景——探索外部职业世界

4. 企业环境分析

企业环境一般包括单位类型、企业文化、发展前景、发展阶段、产品服务、员工素质、工作氛围等。首先,要确定自己适合什么样的企业文化、什么样的环境,从而找到真正适合自己要求的公司。我们每个人都面临着这样一个事实:我们必须长期地、努力地工作,如果用几年的时间做自己并不适合的工作(这种情况非常常见),那么就是在浪费生命、浪费组织的信任。

企业是从业者生存和发展的土壤。每个企业都有自己的发展目标、运作模式,了解企业的基本情况是成为"圈里人"的基础,便于自己以后迅速适应新环境。科学的职业生涯规划一定要把个人的发展与组织的发展结合起来考虑,这样才能顺风顺水。

企业环境分析包括企业在本行业中的地位、状况和发展前景,所面对的市场状况,产品在市场上的发展前景,能够提供的岗位等,具体包括以下三方面的内容。

(1)企业实力分析

企业在本行业中是具备很强的竞争力,还是处于一个很快就将被吞并的状况?发展前景如何?企业是力图"做大""做强",还是空有其壳?有没有长久的生命力?企业的发展集中在哪些领域?战略目标是什么?企业在社会中的地位和声望如何?企业的产品在市场上的表现和发展前景如何?

(2)企业领导人分析

企业主要领导人的抱负及能力是企业发展的决定性因素。企业主要领导人是真想干一番事业,还是只想捞钱获利?他的能力是否足以带领员工开创新天地?有没有战略的眼光和措施?是否尊重员工?很多成功的大企业都有一位出色的企业家掌舵领航,如海尔的张瑞敏,联想的柳传志等。

(3)企业文化和企业制度

企业文化是全体员工在长期的生产经营活动中形成并共同遵循的最高目标、价值标准、基本信念和行为规范。企业文化是影响企业经营效益的重要因素,如果个人的价值观与企业文化有冲突,难以适应企业文化,在组织中就难以发展。

企业文化不是空洞的标语口号,真正的企业文化存在于每个人的心底,会从日常行为中自然流露出来。没有优秀的企业文化便不会有卓越的企业。你认同这个企业的文化吗?企业的文化是否与自己的价值观相符?从某种角度来说,企业文化折射了企业领导人的抱负。

第三节 获取职业信息资源

职业信息的来源有诸多渠道,一些信息可能相互重叠,一些信息可能相互补充,而一个全面完整的信息在某些时候可能需要求职者从多方面进行搜集。此时,考虑到成本效益因素,在搜集职业信息时,应遵循人职匹配理论,根据个性特征搜寻最适合自己的职业信息。这样不仅能增大求职成功的概率,也能减少不必要的成本浪费。

一、职业信息的搜集

搜集职业信息的渠道是多种多样的,就目前而言,可以通过下面的渠道进行搜集。

(一)学校的毕业生职业指导部门

高等院校都设有专门的职业部门,一般叫作就业指导中心,负责学校的职业工作。就业指导中心面向学生主要开展两个方面的工作。

第一,开展职业指导,提供职业生涯咨询。这方面工作主要是通过开设职业指导课程、举办职业生涯规划咨询来进行的。第二,提供职业服务。这方面工作主要包括建立毕业生供需联系、

第七章　认识外面的风景——探索外部职业世界

举办校园招聘活动、向用人单位推荐毕业生、办理毕业生职业手续等。职业指导中心是专门负责为应届毕业生提供职业信息、职业辅导和咨询的职能部门,该部门与中央有关部委和各省市的毕业生职业主管部门以及相关用人单位保持着密切的联系,国家有关的职业政策、地方的相关规定、各地举办"双选"活动的信息、用人单位的需求信息等都能及时掌握。

就业指导中心一般每年都要制订学校职业工作计划,其中包括职业信息的搜集和发布。职业指导中心会定期和不定期地举办校园招聘活动,为用人单位招聘和毕业生求职牵线搭桥。就业指导中心在长期的工作中与用人单位建立了广泛而密切的联系,所以,集中了大量的有针对性的职业信息。因此,应该把学校的就业指导中心作为搜集用人单位信息、寻求职业指导和帮助的主渠道。

利用学校就业指导中心这条主渠道,平时需要密切注意就业指导中心的信息发布情况。就业指导中心发布各种职业信息一般是通过校园网络、校园职业报刊、校园职业黑板专栏和海报等途径;就业指导中心还会把各种职业信息通过正式渠道发布到各个教学部门,再由教学部门发布给每个学生。所以,也要注意与所在院系负责职业工作的老师或班主任保持密切的联系。

除就业指导中心以外,各个高校的教学部门(二级学院或系)也都十分重视毕业生的职业问题,通常会有一位部门领导(二级学院的副院长、系副主任、党总支书记等)负责本部门的职业工作。教学部门也会搜集用人单位的职业信息,安排和落实毕业生职业。总的来看,通过职业指导中心或教学部门获得的职业信息有以下几个特点。

(1)时效性强。学校职业主管部门会及时通过学校的校园网络等渠道发布相关的职业信息,并通过邮件、电话等方式责成各部门通知和组织学生。因此,职业信息的利用率很高。这也就需要平时密切关注,以免错过机会。

(2)针对性强。用人单位根据高校教学质量、专业设置、学生素质向学校职业指导部门发送用人需求的信息,因此,这些信息是完全针对该校应届毕业生的;而学校也会根据用人单位的需求情况有针对性地推荐学生,力求使用人单位的人才需求和毕业生的择业需求达成一致。而在人才市场、报纸杂志以及网络上获得的需求信息,则是面向全社会所有求职人员的,其针对性必然较弱。

(3)可信度高。由于学校职业指导部门的特殊地位,它代表着学校的形象,因此在用人单位向它传递用人需求时,学校职业指导部门会对这些职业信息进行审核和确认,过滤其包含的虚假信息,防止学生上当受骗。经过审核和确认后,再把这些信息传递给毕业生,这就基本保证了职业信息的可信度。因而,利用学校提供的信息,其可信度比较高。

(4)成功率高。可信度高,针对性强,也意味着毕业生在获取这些职业信息时,如果能把握住时机不断调整自己,那么成功率也就较高。

(二)社会上的传播媒介

每年大学生毕业之际,报纸、杂志上一般都会刊登一些关于大学生就业的指导信息,从不同侧面和角度反映当年大学生职业的需求情况。在传媒业高速发展的今天,广播、电视、报纸、杂志等新闻媒体受到了招聘机构和大学生们的共同青睐,如《中国经营报》《职场》《成功职业》《择业大市场》《大学生职业》《大江南人才》等,每期都刊载有数量不等的招聘信息,除此以外,还辟出"择业指导"和" 政策咨询"等专栏,为毕业生职业提供指导。一些用人单位更是自己编印单位简介及需求信息的专业小报,向高校发送。

许多专业报纸和杂志还会介绍许多求职择业的方法、技巧以及相关的法规和注意事项等,建议广大毕业生充分利用好此类工具。从调查的情况看,很多毕业生获取的职业信息都来自这些传统的新闻媒体。这种信息传播面广、竞争性强、时效快、成功率

第七章　认识外面的风景——探索外部职业世界

较低,而且其内容往往比较笼统,如果选用还应作进一步的了解。毕业生也可以通过在媒体发布自己的求职信息,从而反向获取职业信息。

需要特别注意的是,通过这种渠道搜集信息时,要特别留意报纸上的工商注册公告。进行注册公告的公司大都是刚刚开始创业,还没有来得及发布招聘信息,而此时却是公司最缺人手的时候。此时前去自荐或寄去求职材料非常有效。

(三)各级、各类供需见面会和人才招聘会

为做好每年的毕业生职业工作,各地方、各行业以及各高校都要举办规模不等的毕业生职业招聘会。这些招聘会针对性很强,所容纳毕业生需求信息也非常之大,毕业生应珍惜并抓住这些机遇。

(四)网上求职

随着互联网的普及,网上求职是现代人求职择业、实现自我的新途径,也将是大学生获取职业信息、推销自己的一种重要方式。用人单位的招聘信息都习惯在互联网上发布,互联网已成为高校毕业生搜集职业信息的一条很重要的渠道。在网上获取职业信息时,要注意以下问题。

(1)不要把简历放在附件里,因为如今计算机病毒流行,用人单位不愿打开电子邮件的附件,而是愿意直接看到简历;电子邮件的应征信要避免冗长。

(2)在网上求职应确定具体目标,如求职单位、所求职位、报酬等,要向自己中意的单位发出求职信。

(3)不要在一家用人单位同时应征数个职位。用人单位的人事部门主管比较喜欢专注于某一职位的应聘者,如果应聘的职位太多,就会被认为是"万金油",很可能会遭遇求职应聘的失败。

(4)网上求职的不足之处是只见其文、不见其人,尽管网上可以传送照片,但也很难有见面交流的互动性和感染力。因此,如果从网上获取信息后,不仅要把求职的自荐材料发送过去,还要努力争取与用人单位见面的机会,这样求职才可能成功。

(五)社会关系

在寻找职业信息的时候,千万不要忽略了自己的社会关系,即你的家人、亲戚、同学、校友、朋友以及朋友的朋友等,他们都可能助你一臂之力。他们会因为特别的关系而关心你,为你提供他们所知道的消息和情况;他们所提供的消息和情况大多又和他们自己有着直接的关系。比如,他们所在单位有招聘需求,这种情况下,他们既可以为你提供信息,又可以向所在单位负责人员推荐。要知道,招聘单位每天可能收到数以十计甚至数以百计的求职信函,而且这些求职信函在内容上并无太大的差别,所述的求职资格和工作能力也都相差无几,谁也不比谁更为突出。那么招聘者面对如此众多的、没有多大区别的陌生人,有什么更好的方法去分辨呢?在这个关键时刻,如果本单位的人直接推荐你,也许就是最为有效的。

(六)直接与用人单位联系

通过打电话的方式,询问用人单位是否招聘某专业或相关专业的高校毕业生。这种方式要求毕业生有一种"毛遂自荐"的意识,并且对已单方面拟定的意向单位要有大致的了解和预测。在缺乏职业信息的情况下,这种形式也不失为一种获取职业信息的方法。这种方法的优点是主动性强,节约时间,费用低廉,缺点是盲目性大。如果在打电话前能够进行认真准备,把所要咨询的内容以及所要讲的话列成条、列成纲,就会弥补其盲目性所带来的不足。打电话时要注意选在较为清静的场所,力求接听清楚。要注意选择通话的时间,在刚上班的时间、吃饭或午休的时间、临下班前半小时的时间,打电话的效果一般都不太好。打求职电话要礼貌、客气,要显示出诚意;通话内容要简明扼要、条理清楚,不要黏黏糊糊、拖泥带水,要争取见面机会;要做到认真、有诚意、幽默、开朗、活泼,要尽量用普通话,保持中速,不急不缓,使人听得清、记得准;要讲究语气语调,温和而有自信,自然柔美而有亲切感。这样就可以给用人单位留下良好的第一印象。在求职应聘中,良好的第一印象往往起着决定作用。

二、职业信息的分析

大学生最初搜集的职业信息较为粗糙杂乱,且真伪并存,必须经过信息分析,否则往往不能有效地指导职业活动。所谓信息分析,就是将搜集来的职业信息,通过去粗取精、去伪存真、由此及彼、由表及里的分析,使获得的信息更具准确性、全面性和有效性,进而为做出全面、正确的职业决策提供依据。具体来说,在对职业信息进行分析时,可从以下三方面入手。

(一)信息的真实性分析

真实性是对职业信息进行分析非常重要的方面,真实性分析包括:用人信息是否过时;用人单位是否合法正规;用人单位的自我宣传是否符合实际;招聘信息中公布的薪金待遇、办公条件是否能兑现等几个方面。为了弄清信息的可靠程度,可进一步通过电话、电子邮件向信息发布人直接咨询,或向其主管部门、协作单位查询等。

(二)自身条件的合适性分析

自身条件的合适性分析,就是从职业信息中筛选出自己较为中意的用人单位,根据用人单位列出的招聘条件、岗位要求等,与自身条件进行对比分析,不断调整和优化自己的求职目标。在求职的专业领域或岗位、薪酬工作环境、个人发展的可能性等方面,使自己的求职目标更贴近实际。通过对自身条件与用人单位需求的合适性分析,当明白自己的某些专长和条件正是用人单位所急需时,离职业成功就很近了。

(三)职位的竞争性分析

职位的竞争程度与该职位的计划招收人数及应聘该职位的人数有关。当今职业形势日益严峻,一个职位往往有许多应聘者竞争,特别是热门职业。如果毕业生在众多的职业信息面前只挑选待遇最高、发展前景最好的职位,那么也意味着竞争激烈程度越高,淘汰率也越高,很有可能会使自己陷入"一厢情愿"的尴尬境地。对竞争程度的估计,一要看自己的专业特长、学业成绩与综合素质能力;二要看符合这个职位的应聘者人数;三要看其他大学生对该招聘单位的评价情况,即单位的热门程度如何,喜欢这个单位的人越多,应聘者当然也就越多,那么成功应聘此职业的概率也就越小;四要看该招聘单位计划招收的人数。总之,毕业生在求职过程中对职位的竞争程度要做到心中有数,"不求最好,但求较好",在个人的职业理想与客观现实之间寻找一个较好的结合点。

三、职业信息的运用

我们对职业信息进行搜集、分析、筛选、归类的最终目的是为了更好地利用这些职业信息,找到理想的职业目标。职业信息的运用包括以下几点。

(一)进一步了解目标单位有关信息

毕业生一旦从众多的职业信息中发现中意的职业目标,就要及时对用人单位进行更为全面的了解,尽可能多地搜集有关目标单位的信息。这样,一方面可以确认信息的真实性;另一方面,对用人单位了解得越多,越容易在随后的面试中给对方留下良好的第一印象。需要了解的用人单位信息包括以下几个方面:单位的全称及其所有制;单位及预求岗位的工作环境;招聘单位对大学生的具体要求;预求的职业岗位在招聘单位中的地位和作用;

单位的地理位置；单位是否得到工商部门的认可；单位的业务内容、生产项目或主要产品等；单位的知名度、发展前景；晋升、学习的机会；单位的管理体制及其组织机构；现企业职工对企业的评价；工作的劳动强度；企业的福利、工资、津贴、住房、医疗保险、养老保险、生活设施等。

（二）灵活运用职业信息

面对职业信息，许多毕业生首先会考虑自己的专业、学校、学习成绩、政治面貌、身体条件等是否与用人单位招聘条件完全相符。如果不符合就放弃，这是一种机械地对待就业信息的态度。其实，在职业信息面前，大学生需要冷静而认真地分析自己的优势，灵活对待职业信息，不要因某个次要条件达不到用人单位的要求而轻易放弃，应该相信自己的实力，努力尝试和争取，这样可能会有意外的收获。所以，对待职业信息要灵活处理。

（三）共同分享职业信息

由于每个人的兴趣爱好不同、价值观不同、专业兴趣不同，往往同一班级或同一宿舍的同学职业理想相距甚远，有些信息可能与自己的目标不一致，没有什么价值，但对别人来说可能很有用，甚至是别人求之不得的。在这种情况下，你可以把这些信息提供给别人，千万不要当成垃圾信息予以抛弃，或者不愿意让别人知道这些信息。要知道，帮助别人就是帮助自己，你主动为其他同学提供职业信息，他们不仅感激你，而且发现了好的用人信息也愿意与你分享。

第八章　千里之行始足下
——促进有效行动

每个人来到世上,都希望创造出辉煌的成就,演绎好有个性的自我,每个人的骨子里都不甘平庸,每个人都有梦想,但是又不免迷失在信息和找不到目标的现实生活中。追求卓越,渴望成功,应是大学生的不懈追求。你今天站在哪里并不重要,但下一步你迈向何方却很重要,成功的人生需要规划。

第一节　大学生活与职业生涯

大学生活有着丰富的内涵,它包括学术生活、社区生活、课余休闲文化生活等多个方面,学生在大学这个特定的环境氛围中,通过丰富多彩的大学生活认识自己、完善自己、发展自己、在这里学会做人、学会学习、学会创造、学会生活、学会合作、学会健体、学会审美、学习掌握基本的理论技能和培养独立的生活能力,为终身学习和职业发展奠定坚实的基础。

一、生涯意识对大学生活的重要意义

一个人的职业生涯是一个漫长的过程。很遗憾的是,现今很多大学毕业生直到找到第一份工作为止,并没有很明确的职业生涯发展意识,更不用说做一份完整的职业生涯规划了。在大学期

间,大学生对自己的发展规划并不明确,不能运用职业设计理论,规划未来的工作与人生发展方向,这种情况严重影响了学生的提前准备和准确定位,甚至影响对工作的适应性。这样导致的后果就是找工作比较随意,目的性不强,哪儿热闹往哪儿挤。到了企业以后喜欢怨天尤人,对将要遭遇的种种困难没有心理准备,工作流动性大,这对个人和企业的长远发展都十分不利。

学生找到满意的工作,决胜点在于长期的点滴积累,有很多同学找工作之前会突击拿一些证书,有的同学很自卑没有骄人的成绩,其实,这些并不可怕,令人担忧的是大学生没有注重有计划地在生活中培养自己的发展潜力,须知真正的"内功"才是最后面试成功的关键所在。而这种"内功"是需要认真规划的。因而大学生树立职业生涯规划意识非常必要。

二、生涯意识对未来成长的重要作用

（一）有利于学生明确人生未来的奋斗目标

学生在经过自己认真选择的职业岗位上工作,利用自己的特长和优势努力创造业绩,取得成功,实现人生理想。在这样的职业岗位上工作,学生将会产生一种发自内心的满足感,他们会在自己的工作岗位上展示自己的人生价值,为社会做出应有的贡献。

（二）增强发展的目的性与计划性,提升成功的机会

好的计划是成功的开始,凡事"预则立,不预则废",职业生涯规划帮助我们解决"我想干什么"和"我能干什么"的问题,通过对内外环境的分析,帮助我们了解自己的性格、能力、兴趣。了解想从事行业的特性、所需要的能力、工作的内容、发展的前景、薪资待遇等,由此可以使自己把理想与现实的努力结合起来,明确自己的职业方向,脚踏实地地学习与工作。

（三）减少人力资源的浪费

在现实生活中，很多人因缺乏对自身的深入分析，缺少职业生涯规划，盲目地求职工作，个人优势素质得不到应有的发挥，既浪费了自己的才华也没有为社会做出应有的贡献。知识经济时代，人力资源已经成为第一资源，而我们常面对的事实是：一方面用武之地找不到英雄，另一方面是英雄无用武之地。大学生就业难有三大原因，分别是岗位不足、有岗不就、有岗难就，而有岗难就是最主要的原因，一方面社会需要大量的高素质人才，另一方面大学生就业难，大量积压浪费。而职业生涯规划可以改变这种现象，实现人职匹配、人尽其才、人尽其用。

三、学业与职业发展的关系

大学生的学业是指在高等教育阶段进行以学习为主的一切活动，是广义的学习阶段。它不仅包括科学文化知识的学习，还包括思想、政治、道德、业务、科研、组织管理能力及创新能力等的学习。

（一）树立正确的学业观

所谓学业观就是对所学专业、课业的态度和认识，它在很大程度上影响着大学生们的学习、生活乃至人生前景。树立正确的学业观，首先就要明确读书不是为了父母或老师，而是为自己，是为了以后能在当今这样一个充满竞争的社会里顽强地生存下去。更深一层次可以理解为，读书是为了建设祖国，使祖国繁荣昌盛。

（二）职业发展从学业规划开始

做好学业规划对于大学生来说尤为重要，其中，提前规划学业主要的优势有以下几点。

第八章　千里之行始足下——促进有效行动

1. 做好学业规划能增强自我约束力和自我管理能力

自我约束力和自我管理能力是指大学生依靠主观能动性,按照社会目标,有意识、有目的地对自己的思想、行为进行转化控制的能力。这种能力无论对于个人还是社会都是十分重要的。学业规划能让我们明白现在做的每一点都是实现未来目标的一部分,从而重视现在,把握现在,集中时间、精力和资源学好学业。

2. 做好学业规划能增强生活与学习的主动性

学会运用科学有效的方法,采取切实可行的步骤和措施,不断增强自己的学业竞争力,实现学业目标与职业理想。很多同学从高中进入大学,比较迫切地想要改变以往紧张的学习生活,把很多的精力放在了与学习无关的事情上,认为高考过后学习对于大学生不再重要,但事实并非如此。从大一开始,同学们就应该认清自己的学习发展方向,并在大学期间为自己的目标努力,而不是到大四快毕业了,才开始想自己到底想要干什么。生活与学习的主动性与效果之间存在着相互制约的关系。主动性能给我们提供动力,把原本复杂艰辛的活动变得具有吸引力,可以使我们以更好的状态去学习和生活。

3. 做好学业规划能促使大学生积极向上和自我完善

好的学业规划为大学生提供了完成学业的清晰蓝图,使自己对学业的实现过程有了清晰透彻的认识,进而更有信心和勇气达到自我完善。

(三)扎实的学业为就业开路

一个人的文化素养如何,将决定他在求职择业时的自由度和取得职业岗位的层次。大学是就业前的准备教育,大多数大学生一毕业就将走向工作岗位。应用领域里很多看似高深的技术在几年后就会被新的技术或工具取代,只有扎实的基础知识才可以受用终身。

第二节 做好时间 – 任务管理

人生最宝贵的两项资产,一项是头脑,一项是时间。无论你做什么事情,即使不用脑子,也要花费时间。因此,管理时间的水平高低,会决定你学习、生活、事业的成败。应该知道该做什么事,并把时间花在重要的事情上。时间无法管理,事情和任务才是管理的对象,浪费的时间远比有效利用的时间多。

一、善用管理工具,提升时间利用效率

时间管理不是要把所有事情做完,而是更有效地运用时间。时间管理的目的除了要决定你该做些什么事情之外,另一个很重要的目的也是决定什么事情不应该做。

时间管理能力的自测题:

(1)我觉得我可以学习/工作得更努力。
(2)我可以告诉你上个星期我学习/工作了多少个小时。
(3)我常常把事情留到最后一分钟才做。
(4)对我来说,开始一项工作很难。
(5)我对下一步要做什么不很确定。
(6)我要开始做某件事之前,要拖延很长时间。
(7)我不知道我做的是否足够多。
(8)我在不同的任务之间频繁地换来换去。
(9)我在某些地方的工作效率比在其他地方的高。
(10)我在某些时间的工作效率比在其他时间的高。
(11)我学习/工作起来没有规律,往往在某件事上花费很多时间后又置之不理。
(12)我不可能完成我想做的全部事情。
(13)我不肯定自己是否在优先处理最重要的事情。

（14）到这门课程结束之前,我不敢肯定自己是否会坚持到底。

（15）我学习/工作时没有任何计划。

二、时间管理技巧与方法

（一）四象限法

"四象限"法是一个重要的时间管理工具,它是美国的管理学家科维提出的一个时间管理理论,把工作按照重要和紧急两个不同的程度进行了划分,基本上可以分为四个"象限":既紧急又重要、重要但不紧急、紧急但不重要、既不紧急也不重要(图8-1)。

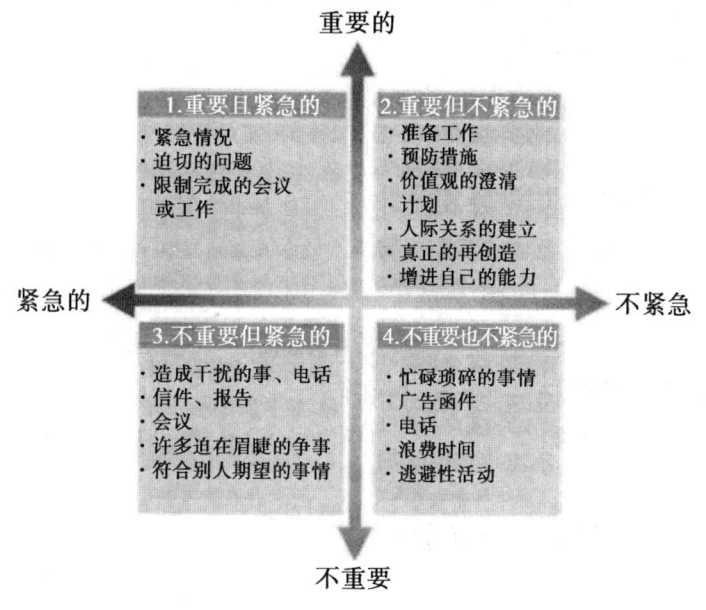

图8-1 时间管理四象限图

按处理顺序划分:先是既紧急又重要的,接着是重要但不紧急的,再到紧急但不重要的,最后才是既不紧急也不重要的。"四象限"法的关键在于第二和第三类的顺序问题,必须非常小心地区分。另外,也要注意划分好第一和第三类事,都是紧急的,分别就在于前者能带来价值,实现某种重要目标,而后者不能。

（二）"80：20"时间法则

这是经济学中的帕累托理论,意思是说,在工作或生活上可能有一现象,就是少数的几桩事却成就了大部分的价值,如果我们能管理好这少数的几桩事,就掌握了大部分的利益。反之,如果不善管理,忙着处理80%的事情,到头来可能发现这些收益不过只有20%而已。所以,做事情做重点,成为重要的时间管理法则。

怎样才是做重点呢？比如对一个公司来说,可能80%的业务来自20%的客户,80%可以用的资料集中在20%的档案中,80%的电话来自20%的人,因此掌握20%就是掌握关键。再如你一天的工作十几二十项,但关键的工作可能只有三四项。时间管理就是掌握关键工作,掌握关键人物,参与关键活动,会让你少花时间而得到大功效。

（三）角色平衡法

每个人身上可能都有多重社会角色,这些角色和时间保持动态的平衡。事实上各种角色是一个整体的不同面,就好像是一个生态系统,生活的均衡不是靠穿梭在各个角色之间,而是一种动态的平衡,动态地花不同比例的时间在不同的角色上,各个角色之间的关系是双赢的,彼此共同组合成紧密的整体,一个角色的成功无补于另一个角色的失败,如事业成功不能弥补家庭的失败。

三、做好时间－任务管理

每日时间规划法和建立每天任务清单是时间管理常用的一种方法。

（1）列出任务。

（2）估计工作需要时间。

（3）预留机动时间给意外事件。

（4）决定优先,删减和委派。

（5）事后检查，每天睡觉留点时间规划明天的事情。

建立每天的任务清单，写下当天的工作任务清单。

将工作任务分为三类（ABC 法则）：

A. 重要或重要及紧迫（必须做 Must）。

B. 紧迫但不重要（应该做 Should）。

C. 既不重要也不紧迫，属日常性的工作（可以做 Can）。

第三节　开启职业生涯规划

一、职业规划制订的步骤

在了解了职业规划制订的方法后，还要进一步明确实施自己的职业规划路径。对于大学生来说，职业规划可以遵循一定的步骤进行操作。一般来说，一份完整的职业规划应包括树立职业生涯志向、进行自我剖析与定位、评估职业生涯机会、确定职业目标、选择职业生涯路线、制订与实施职业发展策略和评估、反馈与修正职业规划七个步骤。

（一）树立职业生涯志向

志向是事业成功的前提和基本，是一个人的远大理想，没有志向也就无从谈起事业的成功。综观古今中外，各行各业佼佼者都有一个共同的特点，就是有远大的志向。因此，树立生涯志向是制订职业规划的关键，也是职业规划中最重要的一点。

树立志向就是设立自己未来方向的志愿，即确定一个长远的目标，制订达成目标的步骤，并在这一基础上努力进取，并不断调整修正理论与实践差距的过程。大学生在制订自己的职业规划时，必须首先树立自己的志向，如追求远大的理想、事业上的抱负、追求卓越等志向，因为一份"胸无大志"、没有任何志向的职业规划,没有任何存在的意义。

当然,每个人由于自身条件的不同,也会有不同的职业理想与抱负志向,但这并不妨碍大学生在制订职业规划时必须立志。只有立志,才能有前进的目标以及朝这一目标前进的动力。

(二)进行自我剖析与定位

自我剖析与定位是大学生制订职业规划的基础,也是大学生能否获得可行的职业规划方案的前提。未建立在自我剖析与定位基础之上的职业规划,既不现实,也缺乏可操作性,很容易中途夭折。

所谓自我剖析与定位,就是要通过科学认知的方法和手段,对自己的职业兴趣、气质、性格、能力等进行全面认识,清楚自己的优势与特长、劣势与不足,进而解决我是谁?我有哪些优势和劣势?我想干什么?我会做什么?外部环境允许我做什么?通过进行自我剖析与定位,就能够正确、深刻地了解和定位自己,进而对自己未来的职业生涯做出准确的把握和合理的规划。

自我剖析与定位的主要内容是与个人相关的所有因素,包括对自己的兴趣、特长、性格的了解,也包括对自己的知识、能力、智商、情商的测试,以及对自己思维方式、道德水准的评价等。对于大学生来说,自我剖析与定位的重点主要有三个:一是兴趣爱好,每个人的兴趣、爱好不同,对职业的选择和评价也不同,把职业与自己的兴趣爱好有机地结合,可以提高自己的主观能动性,提高工作效率;二是性格特征,即分析自己的个性、气质特征,人与人之间的个性特征、气质是不相同的,不同性格的人适合的职业类型也是不同的,如果从事了与自己的个性特征相吻合的职业,就能发挥出自己的特长;三是能力,客观公正地评价自己的能力,如专业知识、操作技能、人际交往、潜能等,根据自己的能力去规划适合自己的职业目标。

在进行自我评估与定位时,要客观、冷静,不能以点代面,既要看到自己的优点,也要看到自己的缺点,同时,大学生可以运用以下几种常用的方法来进行自我评估与定位。

（1）经验积累法。高校生活是丰富多彩的，大学生可以经常参加学校组织的活动以及社会实践，而通过自己的亲身体验与感受，可以从中发现与培养自己的兴趣、特长，挖掘自己的潜力。另外，大学生要经常回顾过去所走过的历程，从而总结经验，找出不足。

（2）他人评价法。这种方法具有较强的主观性，主要是通过与亲人、同学、老师、用人单位交流认识自己，了解别人对自己的评价，从而找出自己的优点与缺点，为做好职业规划提供依据。

（3）测试法。主要是通过心理测试来了解自己的职业兴趣、性格或能力，其科学性、客观性较强，最常用的有霍兰德的职业兴趣理论、MBTI人格理论等。

（三）评估职业生涯机会

评估职业生涯机会，也就是对环境的评估。环境因素对个人职业生涯发展有极大的影响，人是社会的人，任何一个人都不可能离群索居，都必须生活在一定的环境之中，特别是要生活在一个特定的组织环境之中。因此，作为社会生活中的一个个体的大学生，如果缺乏对外部环境的了解和分析，个人的职业规划便只能流于空泛。只有顺应外部环境的需要，才能使个人的优势得到最大限度发挥，实现自己的职业目标。特别是近年来，随着社会变迁的加快、科技发展的加速以及市场竞争的加剧，对大学生的发展产生了很大的影响。大学生若是能很好地利用外部环境，就会有助于自己在事业上取得成功。因此，大学生在制订职业规划时，要注意对环境的特点、环境对自己提出的要求以及环境对自己的有利与不利因素等进行分析。一般来说，对环境的评估主要包括对政治环境的评估、对经济环境的评估和对组织环境的评估三个方面。

1. 对政治环境的评估

政治环境影响着国家的经济体制以及企业等经济体的组织

机构,从而对大学生的职业规划和职业发展产生直接的影响,如我国经历了两个不同阶段的高校毕业生就业政策,一个是"统包统配"阶段,在这种政策环境中,高校毕业生是"被分配"者,没有自主择业权,也就不可能事先规划职业生涯;另一个是"双向选择,自主择业"阶段,高校毕业生可以自主择业,当然就可以提前规划自己的职业生涯。还有一些地区和城市有自己的就业政策,如北京、上海、天津等直辖市对专科学历以下的大学生有严格的户籍准入制度。这些都会对大学生的择业有一定影响,因而大学生在制订职业规划时要对政治环境进行充分的考虑。

2. 对经济环境的评估

职业是社会经济活动的产物,因而经济增长率、经济景气度、经济发展速度和区域经济发展等经济环境指标都会直接影响到大学生的就业状况和就业率,进而影响到大学生的职业规划。例如,京津沪、苏浙粤及鲁闽等沿海开放地区自改革开放以来,经济发展迅速,各项经济指标领先于其他地区,提供的就业岗位明显多于其他地区。而且,这些地区用人单位集中,优秀企业非常多,因而可供选择的职业机会也比较多,十分有利于个人的职业发展。把自己的职业生涯发展规划在这些地区,更容易实现自己的职业理想。因此,大学生在制订职业规划时也要充分考虑到经济环境。

3. 对组织环境的评估

组织环境主要指的是一个人在一个具体组织机构中的环境因素,也就是在一个具体用人单位中的环境。组织是大学生就业的落脚点,也是大学生职业生涯的出发点。一个组织机构的环境如何,直接影响到一个人事业的发展和成败。不同的组织机构有着不同的环境模式,像国有企业与私营企业、国内企业与外资企业、企业与事业单位等不同组织的组织文化、组织规模、组织结构、人事制度、发展战略都有着一定的差别,即便是同一类型的组织,也是有一定区别的。因此,大学生在制订自己的职业规划时,必须认真分析各种类型组织的环境因素,确认哪种类型的组织具有自己所偏好的职业环境,自己在哪些组织有发展空间和发展机会,从而寻找出适合自己未来发展的组织单位,也就是确定自己的职业生涯路线。

(四)确定职业目标

职业目标是一个人通过职业发展所期望达到的成果,是在自我评估和环境分析基础上对人生目标做出的抉择。职业目标选择的正确与否会对大学生未来事业的成功和失败产生直接的影响,而且大学生制订职业规划就是为了实现人生的职业目标,进而获得自己理想的生活,因而确定职业目标是大学生制订职业规划的核心。

目标是职业规划的出发点,同时也是促使一个人去实施规划的巨大动力。鼓舞和鞭策一个人排除一切阻力和干扰,不徘徊、不犹豫、不妥协,勇往直前,全心致力于目标的实现。制订实现职业生涯目标的行动方案,要有具体的行为措施来保证。没有行动,职业目标只能是一种梦想。要制订周详的行动方案,更要注意去落实这一行动方案。

在制订职业规划时所确立的目标应该是可预想到的、有一定实现可能的,通常是先结合个人的专业、性格、气质和价值观以及社会的发展趋势,以及自己的最佳才能、最优性格、最大兴趣、最有利的环境等选择长期目标,再通过目标分解分化成符合阶段目标要求的中期目标和短期目标。大学生可以围绕这些具体目标,采取切实可行的措施,一步步实现自己的短期目标,不断积累经验,及时修正措施,逐步完成中长期职业目标和终极职业目标。

需要提醒的是,确定一个职业目标后,未必百分之百能够实现,但如果根本没有目标,那么成功的希望就更渺茫。同时,制订了职业目标之后,就要坚持下去。

(五)选择职业生涯路线

确定职业生涯路线就是通过什么路线来实现自己的职业目标。大学生在确定了职业目标后,就需要选择一条职业发展路线,也就是通过什么样的路线来实现自己的职业目标。需要注意的是,每一个大学生由于自身条件以及职业理想等的不同,选择的职业生涯路线有可能是完全不同的,但都需要使自己的学习、工作以及社会实践活动沿着选定的职业生涯路线努力。

国外一些职业指导专家把职业生涯路线分成了五种类型,对大学生规划职业生涯路线具有一定的借鉴意义。

(1)稳定型。这类人依赖组织,关注职业的长期稳定性和安全性。适合的主要职业领域是教师、医生、公务员、事业单位人员等。

(2)管理型。这类人希望在管理领域发展自己的职业生涯,多将自己的职业目标设定在管理岗位。适合的主要职业领域是企业及其他社会组织的负责人。

(3)技术型。这类人在职业选择时,愿意朝技术领域这一方向发展,即使提升也愿意在技术范围内提升,不愿从事管理工作。适合的主要职业领域有工程技术、财务分析、IT产业等。

(4)自由独立型。这类人喜欢随心所欲,不愿受组织的约束,不愿意在组织中发展。适合的主要职业领域是作家、学者、个体工商户、自主创业者等。

(5)创造型。这类人要求有自主权,建立或创造完全属于自己的东西。适合的主要职业领域是发明家、企业家、产品开发人员等。

(六)制订与实施职业生涯策略

职业生涯策略是为实现职业目标而制订的行动计划。大学生一旦确立了自己的职业目标,就需要制订相应的比较详细而又切实可行的行动计划和策略方案来实现这一目标。职业生涯策略的制订很重要,但更重要的是去实施这一职业生涯策略。这一过程中比较重要的行动方案有选择职业生涯发展路线与职业、制订相应的教育与培训计划等。

(七)评估、反馈与修正职业规划

评估、反馈与修正职业规划就是对自己制订的职业规划在实施一段时间后,适时进行评估,并根据实际情况对原有的职业规划及时进行修正、变更的过程。职业规划是一个动态的过程,影响其制订的因素有很多且绝大部分变化因素是难以预测的,而且这些因素可能在制订职业规划时就会出现,也可能在实施职业规划过程中才出现。因此,大学生要想使自己制订的职业规划行之有效,就必须不断地对职业规划进行评估,诊断职业规划各个环节出现的问题,及时找出相应对策,修正职业目标,调整职业生涯策略,对规划进行调整与完善,这样才能在激烈的择业竞争中赢得成功,走向辉煌。

在对已经制订的职业规划进行评估时,要抓住几个要点:对核心目标和主要实施策略进行评估、分离出最新的需求、寻找突破方向、关注最弱点、制订相应的对策。调整的内容包括职业的再选择、职业生涯路线的重新确定、人生目标的修正、实施措施与计划的变更等。

以上几个步骤环环相扣,缺一不可,大学生在制订职业规划时一定要按照顺序脚踏实地地一步步完成,否则就会使职业规划流于形式,起不到应有的作用。

二、撰写职业规划书

(一)大学生职业规划书撰写的原则

大学生在撰写职业规划书时,需要遵循以下几个原则。

1. 目标的阶段性和协调性相统一的原则

职业规划目标是人生目标的重要组成部分。人生目标的实现不可能是一步就完成的,职业规划的目标也同样不是一蹴而就的。因此,大学生在撰写职业规划书时,应考虑职业规划目标的长期、中期及短期规划的承接与协调。

由于职业规划是人生规划的主体部分,与个人、家庭和社会生活有着密切的关系,因而大学生在撰写职业规划书时,需要将职业生涯与家庭和社会生活结合起来,以保持整个规划的协调性。

2. 现实性和激励性相统一的原则

人生目标的确立必须从自身的实际出发,既不能定得太高,也不能定得太低。人生目标如果定得太高,不符合实际,会成为永远无法实现的空想;而人生目标如果定得太低,虽然可以轻易实现,但是不能充分展示、发挥自己的才能,还会将自己的前程耽误。因此,大学生在撰写职业规划书时,要将现实性和激励性统一起来。

3. 个人需要和社会需要相统一的原则

职业选择应当是个人愿望和社会需要的有机结合,个人利益和社会利益的统一。因此,大学生在撰写职业规划书时,应积极把握社会对人才需求的动向,将社会需要作为自己选择职业的出发点和归宿,并以社会对个人的要求为准绳。同时,既要考虑个人的因素,也要自觉服从社会的需要,既要看到眼前的利益,又要考虑长远的发展。

(二)大学生职业规划书撰写的内容

大学生职业规划书是大学生对自己职业规划的书面化呈现,既能够梳理大学生的宏观职业规划,还能够指导和鞭策他们具体的学习与工作。一份完整、翔实的大学生职业规划书,应该包括以下几个方面的内容。

1. 封面

在封面上,要注明名称,也可以在封面插入图片和警示格言,还要署上姓名和年月日。在打印封面时,要用较厚实的纸张打印,既能给人庄重感,又能增强文本的耐磨性。

2. 扉页

在扉页上,要注明个人姓名、籍贯、年龄、性别、学历层次、专业、所在单位、通讯地址、联系方式等。扉页中也可以放入个人照片。

3. 目录

在目录中,要介绍自己的职业发展规划书的主要内容构成,同时要能够将自己的分析思路和整体框架反映出来。

4. 外部环境分析

外部环境分析包括对政治环境、经济环境、法律环境、职业环境和组织环境的分析。在对外部环境进行分析时,可以进行适当的取舍,突出职业环境和组织环境。另外,在分析完外部环境后,应该有一个简单的总结。

5. 自我分析

自我分析包括对家庭因素、学校因素、自身条件及个性、兴趣爱好、能力特长及发展潜力等方面的测评结果。在自我分析的过程中,应该要有对自己的职业生涯产生影响的一些人的评价与建议。

6. 职业目标定位

职业目标定位就是根据自己对外部环境和自身特点的分析,确立职业发展方向,结合自己可能面临的职业发展机会并评估,做出职业选择和职业决策。

7. 职业发展路径

职业发展路径就是把职业目标按照时间段的划分而做的层层分解，并依据每个阶段的特点，制订出具体可行的实施办法。

8. 职业生涯评估与修正

职业生涯评估与修正就是对于职业生涯的发展状况按一定时间周期进行评估，并依据评估的结果对自己的职业进程和阶段目标进行修正。同时，还要对职业生涯可能会出现的危机进行预计，并提前做好危机干预的准备。

9. 结束语

结束语就是对职业规划整个过程进行的总结，同时展望未来，并坚定个人发展的信心。

(三) 大学生职业规划书撰写的要求

大学生职业规划书撰写的要求，具体来说有以下几个。

1. 内容真实

大学生要使自己的职业规划切实可行，就必须在职业规划书中真实地对自己的性格特点、兴趣爱好、能力特长、家庭条件等方面的因素进行分析，并结合当前的社会形势来确定自己的发展方向和职业目标。

内容的真实性要求大学生撰写职业规划书时不能虚构，也不能夸张，这是由职业规划书尚实用的性质决定的。内容不真实的职业规划书，不仅毫无使用价值可言，而且还会影响个人的职业生涯发展。

2. 实用性强

大学生职业规划书不是用来装点门面的,而是紧密结合自身的特点以及外部的环境对自己未来的发展道路进行计划和安排的一种书面文件。职业规划书的本质属性就是实用性,其他的属性都是在它的基础上派生出来的。

大学生职业规划书的实用性主要体现在两个方面:一方面是大学生通过职业规划书能够梳理自己未来打算的思路,并对做出此种打算的原因进行深刻分析;另一方面是大学生通过职业规划书能够明确自己的奋斗目标,并形成为之付出努力的行动纲领。

3. 结构具有模式性

职业规划在其实践过程中形成了约定俗成的模式,这种模式由于符合职业规划的基本原理,显示出一定的优势而被推广开来,以致被当作科学的写作知识加以总结和介绍。举例来说,大学生职业规划书不论是采用条列式、表格式,还是采用复合式、论文式,都离不开自身分析、环境分析和职业选择这三个核心。

结构的模式性提高了职业规划的实用效率。大学生按照职业规划书的规范模式写作,不仅能使自己的写作更加简便快捷,还能使自己在运用时一目了然,对照自己的行动也更加直观。

4. 语言平实

大学生职业规划书的语言要准确、简洁、朴实,要求用平实的语言准确描述出自己的主要特点,在客观地分析自身的优劣势并结合外部环境的基础上做出恰如其分的判断,进而依据缜密的分析进行职业定位。因此,大学生在撰写职业规划书时,要做到开门见山、条理清晰,多用说明,少抒发个人情怀。

(四)大学生职业规划书撰写的步骤

大学生职业规划书的写作过程是大学生根据务实的需要,针对具体情况建构文书编制自始至终所经过的整个程序。具体来说,包括确立撰写目的、安排内容结构、收集信息并展开分析、拟稿和修改等几个步骤。

1. 确立撰写目的

大学生撰写职业规划书,最为根本的目的就是帮助自己全面客观地了解自己、了解社会,根据兴趣爱好、能力特长、性格确定自己的发展方向和目标,为自己未来的职业选择和决策提供依据和参考。

2. 安排内容结构

大学生在撰写职业规划书时,内容结构的安排应服务于撰写目的以及个人的实际需要,可繁可简。简单的职业规划书其实就是一个计划书,主要是对未来发展目标的安排和打算,宜采用表格式或条列式。复杂的职业规划书强调通过分析与论证确立职业目标,宜采用论文式结构。但不管是简单的职业规划书,还是复杂的职业规划书,都应该包括以下几个方面的内容。

(1) 自我认知

自我认知主要是根据个人家庭条件、受教育情况、身体素质、知识能力水平、个性特点、兴趣爱好等方面因素分析自身在未来职场竞争上面临的优劣势。

(2) 外部环境分析

外部环境分析主要是针对宏观经济形势、社会环境、就业状况、行业及企业特点展开,为自己进行恰当的职业选择奠定基础。

(3) 职业目标定位

职业目标定位主要是通过一定的决策方法确立个人的职业发展目标。

(4) 职业生涯发展路线及策略

职业生涯发展路线及策略就是根据个人的职业发展目标,建立职业发展路径,并列出相应的行动计划,使职业目标的实现有

（5）职业生涯的评估与修正

随着环境的改变及个人认识水平的深化，个人还可以对可能遭遇的职业危机或转机留有变通余地，根据职业生涯发展的实际情况进行调整。

3. 收集信息并展开分析

只有在掌握大量的资料、事实、数据的基础上，才能对自我和社会进行了解。因此，收集信息并展开分析是职业规划的关键环节，也直接决定着职业规划是否切实可行，是否真实有用。一般来说，收集信息的途径主要有以下几个。

（1）书籍文献

书籍是人类进步的阶梯，是知识、经验的总结与概括。一些职业指导方面的书籍文献能够帮助大家了解职业规划该如何实施。

（2）互联网

互联网上关于社会、职场的新闻是了解外部环境的重要窗口，能够为外部环境分析提供有效信息支持。但互联网上也充斥着一些虚假信息，利用互联网上的信息必须有一定的鉴别能力，进行去粗取精、去伪存真。

（3）身边的人

有的时候"当局者迷、旁观者清"，自己身边的人，如父母、老师、朋友、同学等的评价，最能反映自己的个性特点。但以上信息不应该孤立使用，最后应该充分整合。

（4）测评软件

一些心理测验的软件，如16PF、MBTI能够帮助我们更好地了解自己，深化对自己的认识。

4. 拟稿和修改

大学生在大量前期准备的基础上，就可以依据自己确定的思路，草拟职业规划书。在拟稿的过程，有两点需要特别注意：第一,不要写写停停,要尽可能一气呵成。应当着意集中一段时间拟稿,力求一次性完成,这样才能使自己的分析思路连贯、条理清楚。第二,要注意强化语言的表意功能。要尽量缩小语言和所表达内容之间的差距,做到用词准确精当。在句式方面,尽量选用短句、常式句和肯定句。

大学生在拟定好了自己的职业规划书后,还需要向身边的人征求意见,经过再思考后,进一步修改完善并定稿。同时,大学生在撰写好职业规划书后,就需要采取有效的行动去一步一步地实现。因为规划再好,如果没有具体的行动,仍然是一纸空文,或者纸上谈兵。

下 编 就业指导

第九章 全面衡量几对行
——职业定位

俗话说:"良好的开端是成功的一半。"要想潇洒地纵横职场,需从正确地选择职业开始。而要想成功地选择适合自己的职业,就要明确自己的职业定位。

第一节 寻找职业机会

在市场成为人才和劳动力资源主要配置手段的形势下,大学生就业的途径比以往更为多样化。概括起来,主要有两种就业途径:自荐和他荐。

一、自荐

自荐是指由本人向用人单位做自我介绍、自我评价和自我推销。自荐是实现就业的基本环节。大学生在就业过程中要让用人单位认识自己、了解自己、选择自己,就必须通过各种途径和方法宣传自己、展示自己、推销自己。只有成功地自荐,才能获得进一步面试的机会。

(一)自荐的方式

自荐的方式主要包括以下几种。

第一,参加人才招聘会自荐:即带上个人自荐材料到人才招聘会(或"双向选择"会)上推荐自己。

第二,上门自荐:即带上自荐材料亲自到用人单位推荐自己。

第三,电话自荐:即通过电话联系,向用人单位推荐自己。近几年,不少大学生用这种方式推荐自己,获得了成功。

第四,信函自荐(书面自荐):即通过向用人单位邮寄或呈送自荐材料的形式推销自己。这种形式不受时空限制,又能扩大自荐范围,特别适用于学习成绩优秀,又有较好文笔和写得一手漂亮字的毕业生。也适用于因学习忙碌而没有时间上门自荐,或因路途遥远而不便于上门自荐的毕业生。这种形式用人单位乐于接受,也为广大毕业生所采用。

(二)自荐的技巧

在毕业生招聘会上,常常可以看到这样的情景:求职心切的大学生一茬接一茬来到招聘台前,却在不知不觉中将一个个职位拱手"让"给了别人。这是为什么呢?回答是:缺乏起码的求职择业方法和技巧。

例如,一位大学毕业生在人才招聘现场对一位公司人事经理说:"我是五年制大学生,知识很扎实,我想应聘经理助理,然后协助经理实施改革方案。"经理问:"你有什么具体设想吗?"

于是这个学生滔滔不绝,侃侃而谈,最后递上一份个人简历,该简历字体龙飞凤舞,甚至到了要人猜测的程度。

经理待他走后说:"这个学生说话间流露出很强的优越感,认为当经理就是高谈阔论,也不问问我们公司到底是干什么的。这样的经理助理,工人和技术人员能认可吗?"

在求职洽谈过程中,有的大学生在规定时间里连自己的基本情况、就业意向都说不清楚;有的不讲礼貌,不注意说话的方式;

第九章 全面衡量入对行——职业定位

有的不修边幅,衣冠不整。这样的人,用人单位自然不会接受。由此看来,大学生在自我推荐过程中,要想找到理想的职业,除靠知识、技能等"硬实力"外,还必须重视"软包装",重视非智力因素的表现,依靠灵活的方法和技巧取胜。

1. 自荐只是手段而不是目的

战国时的毛遂自荐,终于说服楚王与赵国合作,出兵解邯郸之围,其目的是施展自己的才华,报效国家。大学生自我推荐,首先需要解决认识问题,清楚自荐仅仅是一种说服手段,即让对方认可、接受、肯定自己的人格、知识、技能和理想,从而获得成功的机会。而不是倒因为果,以推荐自己为目的。不管结果怎样,只是一味地推荐自己,其结果只能是得不偿失。

2. 自荐要有自信心、主动性和勇气

自信是现代人所必须具备的心理素质。一位心理医生曾经说过:"你越对自己有信心,就越能造成一种你很行的气氛。事实上,你的态度全部反映在你的举手投足之间,就好像一个人坐椅子,一个感到自在的人会坐在整个椅子上,而一个不自在的人,只会坐在边缘上。"大学生自我推荐,首先必须相信自己,清楚地确定自己具备达到目标所需的能力,并完全依靠自己的能力进行竞争,这是求职者成功自荐的奥秘之一。

自荐是求职者的主动行为,任何消极等待的态度都是不可取的。因此,在推荐自己时,还必须积极主动。例如,不等对方索要材料,便主动呈送;不等对方提问,就主动向对方介绍;不消极等待对方回音,就主动询问。这样,往往给人一种态度积极、求职心切、胸有成竹的感觉。

成功的自荐还必须具有足够的勇气,不怕失败。伽利略说:"追求科学需要特殊的勇敢。"自荐也是一样,你要在别人面前介绍自己,证明自己,如果没有"初生牛犊不怕虎"的勇气,就会畏缩不前、犹豫不决,就会紧张、拘谨甚至自卑。常常可以遇到这样

一些情况,有的学生去用人单位之前,脑子里已准备好了对各种问题的回答,甚至语调、礼貌用语、动作等都想好了,可到了用的时候,竟全忘了,聪明才智不见了,剩下的只是呆板、不知所措。这样的情景如果形成恶性循环,就会越发紧张和拘谨,结果给人一种缩手缩脚、没有魄力、无所作为或作为不大的印象。还有一些学生在洽谈会上,由家长和老师陪着东转西看,出谋划策,很令招聘单位费解。其实,像这类事情正好反映出部分大学生对自荐既缺乏自信,又缺乏勇气的被动应付心理和态度。

3. 自荐要诚恳、谦虚、有礼貌

诚恳、谦虚、有礼貌是为人处世的基本要素,是赢得用人单位好感的应有态度,对大学生应聘十分重要。诚恳即言而有信。孟子言:"言人也,信人也。"大学生自荐应以信为本,在介绍自己时,要讲真话,有诚意,不吹牛撒谎,不虚情假意,给对方以信任感。例如,自己对某问题不明白时,可告诉招聘人:"对不起,我不知道这个问题。"这恰恰反映出你直率诚实的性格。

谦虚,是一种美好的品德,是尊重对方的一种态度。在就业市场上,常有不少学生因口若悬河,夸夸其谈吃了"闭门羹";也有人因摆出一副"我有知识你就得用"的神气,令用人单位非常反感。因此,要切记:在任何时候,虚心、谦逊都是用人单位最为欢迎的态度。

礼貌,是道德的一种外在表现形式,它在人际关系调节中具有不可忽视的作用。大学生自荐时,无论是表情,还是一句称呼、一声感谢、一个小动作,都能反映出一个人的内在修养和素质,都会被招聘单位看在眼里,作为评价的话题。因此,自荐时要以礼待人,不能认为这都是小节,不说明什么问题。即使对方当场回绝或不太理睬你时也要表现冷静,给自己找个台阶下,给对方留下明理的印象。

4. 自我推荐,应注重对方的需要和感受

自我推荐,应注重的是对方的需要和感受,并据此说服对方,

争取被对方接受。比如,自己所讲的正好是对方所要了解的,自己所问的正好是对方要说明的。要做到这点,首先,要事先有所准备,想一想一般用人单位需要什么,他们会提出什么问题,对什么最感兴趣。其次,临场要"察言观色",把握对方心理,随机应变。例如,某学院通讯工程专业学生王某,学习成绩良好,综合素质较高。听说本市一家软件公司要人,他先请教老师,了解软件业行情。然后,花费了一天时间找来该单位的一些基本资料进行研究。最后,他拿着自荐材料走进该单位人事部门,该单位负责人看完他的自荐材料后问道:"你为什么要来我们单位应聘,你觉得我们单位有哪些特点和不足?"一一对答,对方不住颔首,告诉他一周后听"研究结果"。一周之后,王某如愿以偿,在几十名竞争者中脱颖而出。他的成功,就在于能注意对方的需要和条件。

5. 自荐要学会使用材料

再好的自荐材料,也要会使用。不会使用,则影响自荐效果。如何使用,这就需要根据实际情况而定。例如,在招聘会上,求职人员很多,难以与用人单位的招聘人员交谈,此时可先把自荐材料提供给用人单位。从而为自己争取到面试的机会。自荐材料最好亲自呈递,这样做会加深用人单位对你的印象。同时,呈递材料时,还要多准备几份,这样既表示你对每个人的尊重,又无疑为他们在共同商议是否录用你时提供方便。如果无法亲自呈递,或想"广种薄收"等,就采取邮寄的方式。这样做既可大面积进行,也比较隐蔽,但邮寄不易引起用人单位的注意和重视。为了避免这种做法的不利,可将自荐材料直接寄给主管人,使他感觉到你很在乎该单位,从而留下一个深刻的印象。

6. 自荐要学会包装自己

在竞争激烈的今天,包装不仅限于保护功效,更主要的在于它能弥补个人的不足,提高个人价值,发挥"促销"作用。包装分为外包装和内包装。外包装又称为初级包装,它是通过一些非语言媒介对自荐发挥作用,如衣着、发式、动作、行为举止、体态、气质等要得体、适度,给人以大方、潇洒、端庄、有知识、有涵养、有信心、符合大学生身份的感觉。研究结果表明,外表有吸引力者,一般会被招聘人理解为聪明精干、办事认真可靠,使人另眼相看。

内包装也称深层次包装,它建立在真才实学的基础之上,将多种抽象和具体的东西相结合进行自我推销的一种有效方法。其内容包括个人积累的知识、出色的口才、流利的外语对话、熟练的上机操作、扎实的专业基本功等。这种方法如果能运用得好,则有助于个人形成完美的第一印象。

7. 自荐要学会控制情绪

人的情绪有振奋、平静和低潮三种表现。实践证明,无论是谁,心情紧张时,说话总是节奏过快,使听者听起来很费力,容易产生厌烦心理。大学生初次接触社会,缺乏说话技巧。因此,在推荐自己的过程中,要善于控制情绪,说话节奏适中,可以表露出自己的才华、学识、能力和社会阅历,增加对方对自己的了解。为了控制自己亢奋的情绪,美国心理学家尤利斯提出了有趣的忠告:"低声,慢语,挺胸。"

8. 自荐要把握好时间

自荐时间不宜过长,因为在招聘会上,人往往很多,有时还要排队,故你必须在最短的时间内,最大限度地推销自己。

二、他荐

他荐是指借助中介人或物推荐自己,即不亲自出马,只需要将自己的想法和条件告诉第三者,或形成材料就能达到推荐自己的目的。其主要方式有以下几种。

（一）他人推荐

他人推荐即请老师、父母、亲友、同学推荐而达到就业的目的。一些老师因具有较广泛的社会关系或较高的学术声望,他们的推荐容易引起用人单位的重视和信任。父母、亲友、同学也可帮助毕业生扩大推荐范围,为毕业生顺利就业助一臂之力。

（二）广告推荐

广告推荐即借助新闻传播媒介进行推荐的形式。这种形式覆盖面广,时效性强。近年来,各学校相继成立了大学生就业指导中心,加强了与用人单位的联系和收集信息工作。他们一方面对用人单位的情况比较熟悉,另一方面对毕业生的情况也比较了解,再加上学校以组织的形式向用人单位推荐,对用人单位来说具有较大的可靠性和权威性,容易得到用人单位的认可。

（三）实习单位推荐

实习单位推荐即通过各种实习单位、社会实践单位推荐自己。或者在实习单位就职或者在相关单位就职。

（四）网络推荐

网络推荐是近几年新出现的一种推荐方式,它是借助"荐客"进行推荐。这种推荐方式时效性好,覆盖面广,是一种比较新颖的方式。荐客,是指具有无私奉献精神,能够将自己在生活中得到的、想到的、悟到的、知道的一切美好事物,向大众推荐,与大众分享,并以此为乐的人。通过"荐客"在互联网上的优势推荐自己,对于大学生寻找就业目标也不失为一种快捷有效的方式。

第二节　梳理个人职业能力

　　能力是个人从事社会实践活动的本领。知识的多少可以通过答卷加以证实,而能力的强弱则需要实践加以检验。高分低能的现象几乎人人都能罗列一二。尽管能力的培养需要拥有大量的知识为前提,但用人单位在选人时更看重的还是能力。一个能力欠缺的求职者即使掌握很多书本知识,也很难适应工作,做出成绩。因此求职者在学习期间应把建立合理的知识结构与锻炼自己各方面的能力有机地结合起来,只有这样才能在择业、从业过程中立于不败之地。

一、语言智能

　　从语言智能的内涵看,我们首先需要从基本词汇、语音、语法、句法以及跨文化语言学习出发来提高自身语言智能的基本功;其次,我们需要积极开展口语表达的训练,参加一些实训营,积极主动地在公众群体间发言,注意倾听他人观点,交流自己的想法,对着镜子长久地练习绕口令都是提升口语表达能力的方法;再次,在文字表达方面,文字的应用前提是文字信息的获取和理解,这有赖于广泛而全面、日积月累的阅读;最后,你还需要坚持写作,丢掉微信朋友圈、QQ说说这些短篇幅表达,重新拾起你的日记本、写作本,将自己的想法、观点用文字记录下来。长久练习,你必将有所进步。

二、数理智能

　　长期以来,在我们的学科教学中,数学、物理、化学等理科课程的学习和大量的练习已经很好地提升了我们的数理逻辑思维能力,我们需要坚持在数学、物理、化学等课程学习中有意识地培养自己的能力。另外,我们也需要注重生活中的训练。比如遇到任何事件,试着去分析原因是什么,动机是什么,主体是谁,关联的利益主体有哪些,事件发生过程有哪些可能,最终的结局会是何种情形。当然,像国际象棋、围棋、数独等小游戏也是能够锻炼我们的数理能力的。

三、空间智能

可以多参加一些画展、摄影展、博物馆的活动,提升自己对于平面美和立体美的感知能力;可在随手可及的范围内,用铅笔、彩笔等简易工具尝试简单的作画,如素描、手绘地图的创作;也可以有意识地规避使用导航软件,借助地图、太阳、标志性建筑来训练自己的空间思维;当然,你也可以通过涂鸦、素描、摄影等方式,有意识地锻炼自己对点、线、面、立体和事物之间关系的理解和表达能力;在学习的过程中,你可以采用思维导图等工具来进行知识的梳理,可以用画图的方式来表达自己的想法。

四、身体智能

有意识地加强四肢运动,适时参加快走、慢跑、登山、篮球、羽毛球、瑜伽等健身运动;可以制作一些手工作品,也可以学习刺绣、泥塑、印章、剪纸,勤于动手制作和搭建一些模型;也可以参加一些戏剧类社团,通过社团活动来表达自己的想法和情感,平时也可以多注意观察和模仿其他人的动作、语言和形态;当然,最基础也是最力所能及的或许是在假期帮助父母完成一些家务劳动。

五、音乐智能

可有意识地进行一些听觉训练,如辨声游戏、循声找图、听音找物等,有意识地聆听和感悟自然世界中的鸟语、蝉鸣,并将之与自己知识体系中的相关要素相关联;有意识地多听音乐(不管是什么类型的音乐),并在听音乐时有意识地感受旋律、节拍;可参加一些音乐类社团,多参加一些合唱、独唱和休闲唱歌活动;试着去学习简谱、五线谱,学习一到两种乐器。

六、人际智能

首先,在思想和意识上,个体应当重视社会交往的重要性和必要性,相互体谅、相互理解,以开放的心态来与他人交往沟通;其次,有意识地参加一些团体活动、社交活动,如同学间的小聚会,建立学习小组,建设寝室文化,在这些活动中,有意识地鼓励自己与他人接触并建立联系;再次,可以参加一些关于人际交往、团队合作、领导力的实训活动。最后,如果你确实是一个不太主动与人交往的人,那至少做到在与人相处和交谈的过程中注意倾听,多观察其他同学待人处世的方法和技巧并尝试学习。

七、自然智能

多与自然发生接触,对自然界中的植物学、动物学、气象学等学科领域的知识有意识地进行探索,充分利用一切条件进行试验和探索,把握自然事物的特征和发展规律。可以多参观动物园、植物园、天文馆、地质馆等自然景观;充分利用学校的实验室资源来观察、分析自然物质;学会使用望远镜、显微镜等设备和工具;试着去种植一些植物,可多观看动物类、自然类的纪录片。

八、内省智能

《论语》中,"曾子曰:'吾日三省吾身:为人谋而不忠乎?与朋友交而不信乎?传不习乎?'"这句话既是内省的表现,又是内省提升的办法。长期坚持每天的内省,关注自我个性、能力、兴趣、价值观的变化,反思自己与他人之间的关系,将有利于内省习惯的养成。内省的过程还包括定期反思自己的目标达成情况,比如,自己主动设定学期及短期目标,为自己的目标制订详细的学习计划,不断总结自己在完成计划的过程中遇到的问题及解决方案。在成长的过程中,注意多与朋友、同学、父母分享自己的观点。在遇到心理压力等问题时,可以寻求专业的心理老师帮助。当然,阅读也是有效的内省方法。除此以外,你还可以通过一些心理测试量表来提高自己内省的能力,比如 MBTI 人格测试、霍兰德职业兴趣测试、WVI 价值观测试等。本章讲到的多元智能结构评估也是你内省的工具之一。

最后,需要提醒各位同学的是,我们每个人都具备多种多样的能力,每个人都有能力的长处和短板,能力的短板会影响到我们学业发展的高度。所以,我们要趁着自己的能力还处于塑造期,有意识地按照上述办法来提高自己的能力。另外,在自己擅长的领域,通常能够取得更好的表现和成绩,获得更强烈的自信和自我成就感,也更容易成功。所以,我们应当留意自己的优势智能对应的那些专业、职业,对这些专业和职业进行了解,给自己确定一个靠谱的、科学的目标,并制订有效的执行计划。

第三节 确定职业目标

一、职业生涯发展目标的构成

为了实现自己的职业理想,在进行职业生涯发展规划时,我们一定也会为自己设立各种目标,这些目标有的离我们很远,有的近在眼前。按照由远及近的顺序,我们可以将职业生涯发展目标分为长远目标、阶段目标和近期目标。

（一）职业生涯发展的长远目标

长远目标，就是沿着职业理想指引的方向，所确立的最远期的奋斗目标。长远目标不是马上就能实现的，是通过职业生涯的一步步努力而实现的。长远目标是一个人职业生涯发展的骨架，是决定职业生涯规划成功与否的关键性因素。

长远目标离我们的人生理想最近，从某种意义上说，长远目标体现了我们为理想所作的最高设想，它可以成为我们追求职业成功的原动力。有了长远目标的支撑，我们往往能专注于某个专业的学习，会对某个职业产生认同感、责任感和使命感，甚至还会对某种事业充满自豪感和光荣感，直至献身其中。

对于大学生来说，长远目标既可以是个奋斗方向、范围，也可以是具有激励作用的某个职业。但无论哪种类型，都应该符合社会发展需要和本人的实际。只有经过认真分析而选择的结果，才能激励我们在学习阶段克服困难，创造条件，努力奋斗，也才能使我们避免随波逐流，浪费青春。

（二）职业生涯发展的阶段目标

职业生涯的发展是有阶段性的。不同的阶段所面临的问题不同，目标也不同。

阶段目标是根据个人的具体情况所作出的实现长远目标的具体计划。阶段目标的确立，是实现长远目标的重要保障。阶段目标介于近期目标与长远目标之间，起着承上启下的作用。一方面，阶段目标要服从长远目标，也就是要根据达到长远目标所要经历的台阶和所需要的时间，采用倒计时的方式一步步往回倒着设计，将长远目标分解为与之方向相同的一个个阶段目标。另一方面，阶段目标又与近期目标密切相关，近期目标的制订和更替是为不断实现阶段目标作准备的。

打个比方，阶段目标就是引领我们从眼前的近期目标一步步走向未来长远目标的"路线图"和"里程碑"。如果没有这些"路标"

第九章　全面衡量入对行——职业定位

的指引,我们很难把眼前的学习、训练和未来的职业成功连接起来,因此,有无阶段目标,常常是我们判断职业生涯设计优劣的重要标志。因为要起到"路线图"的指引作用,所以阶段目标相对于长远目标要具体一些,要有明确的方向性和顺序性。同时,因为还要有"里程碑"的激励作用,所以阶段目标还应该是近期目标的向前延伸和向上拔高,既让自己"可望",又要有适当的高度,让自己"努力方可及",也就是必须"跳一跳才够得着",以激励自己积极向上攀登。

(三)职业生涯发展的近期目标

近期目标就是当前所面临的第一个目标。再远大的事情也需要从眼前的事情做起,可以说,近期目标是迈向长远目标的第一步。万事开头难,做什么事情,第一步都是很重要的。第一步迈错了,虽然还可以从头再来,但是,可能会错过很多机会,浪费很多宝贵的时间。

近期目标的最大特点就是只要自己努力就一定能实现,所以,近期目标一定是切实可行的,不仅看得到,而且摸得着。它常常表现为具体的行动,这里所说的行动是指包括工作、学习、教育、培训等方面的计划和措施。

对于大学生而言,职业生涯发展的近期目标就是对自己要学什么专业课程、参加什么技能训练、加入什么社团活动、阅读什么课外书等方面作出选择,并筹划好措施,以便保质保量、持之以恒地完成,使自己尽可能在正式步入某个职业前具有优秀的素质,为继续实现阶段目标、长远目标打下坚实的基础。

二、职业生涯发展目标必须符合发展条件

在确定职业生涯发展具体目标之前,需要先选择职业生涯发展方向。即通过发展条件分析,考虑以下三个问题,并据此做出职业生涯发展大方向的抉择:一是我想往哪一路线发展?二是

我能往哪一路线发展？三是我在哪一路线发展的机会比较多？第一个问题实际是个人就业价值取向分析，实质上是回答"想成为怎样一个人"一类的问题，即想要什么、发展方向是否符合自己的需要；第二个问题实际是个性特点、本人生理和家庭条件及其变化趋势分析，即本人条件是否适合往这个方向发展；第三个问题实际是行业和就业环境分析，即个人发展方向是否符合经济社会发展需要，周边环境为自己职业生涯发展提供了什么机遇。

一般来讲，大学生在发展方向上面临四类选择：一是毕业后，先升学，还是先就业；二是毕业后立即创业，还是先就业、后创业，或者只就业，不创业；三是在企业里，向管理路线发展，还是向技术路线发展，或者先走技术路线，再转向管理路线；四是向技术工人、专业技术人员方向发展，还是向公务员方向发展。职业生涯发展方向不是一成不变的，例如，许多管理人员，原本就是技术工人、专业技术人员，而公务员也面向社会招考。具体到一个大学生，其发展方向并不是上述四类抉择中的一种，而是通过上述四类抉择，综合出一个最适合自己的方向。例如，一位工科类大学毕业生，在第一类做出了先就业的抉择，在第二类做出先就业、后创业的抉择，在第三类中做出先走技术路线，再转向管理路线的抉择，在第四类中做出不向公务员方向发展的抉择。通过四类抉择，这位大学生的发展方向就很清晰了。

哪种发展方向好？是年轻人经常向职场设计咨询师提出的问题。答案只有一个：适合自己的方向是最好的方向。

不同的发展方向，对从业者智能、个性等方面的要求不同，与个人所处的环境关系密切。职业生涯设计不是对个人职业前途不切实际的空想、幻想，而是根据经济社会实际和发展需要、本人实际和发展需要，制订未来职业生涯发展规划，即对个人职业前途的展望，是追求最佳职业生涯和人生发展的规划，是落实职业理想的规划。而发展方向是职业生涯设计的总思路，是对个人职业前途展望的总思路，必须做到"两个符合"，即符合本人实际和发展需要，符合经济社会实际和发展需要，也就是符合个人以及个人所处环境的实际。

为了确定发展方向,必须在认真分析自身发展条件的基础上,即认真分析个性特点及其变化趋势、本人生理和家庭条件及其变化趋势、个人就业价值取向、行业和职业及其变化趋势、就业环境及其变化趋势的基础上,对自己有一个立足于现实、着眼于发展的自我认识,对自己有一个比较准确的综合判断。

立足于现实,指自我认识是实事求是、剖析自我的认识。能实现的职业理想,才不是空想、幻想。眼高手低是许多青年人走向社会、初涉人世时易犯的毛病。因此,在职业生涯设计时,必须在实事求是地分析发展条件的基础上,做出"两个符合"的发展方向抉择,才能使自己的学习、工作以及各种行动措施沿着职业生涯规划预定的路线前进。

着眼于发展,指自我认识是对经过努力可能达到的水平的认识。自我剖析,既要立足现实,看清"现在的我",更要着眼发展,看到"将来的我"。职业生涯设计的灵魂,在于立足现实,展望未来,目标明确、措施到位地不断提升自身素质,并在提升自己的同时,使自己的职业生涯朝着预定方向发展,使自己有一个成功的职业生涯。

确定适合自己的发展方向,才能制订出能落实的职业生涯规划。适合自己,不但包括适合"现在的我",更包括适合"将来的我"。个体是不同的、有差异的,要找出自己与众不同的长处并发扬光大。不立足于现实的职业生涯规划,是可笑的;不着眼于发展的职业生涯规划,是可悲的。

三、职业生涯发展目标的选择

确定职业生涯发展目标的依据主要有两个方面:一方面是从宏观上看的社会经济发展实际需要和个人所处的就业环境,从微观上看的职业对从业者素质的要求;另一方面是"现在的我"和"明天的我"。忽略了任何一个,都会影响目标的正确选择。

（一）分析角色，加以定位

制订一个明确的实施计划，首先要明确给自己定位。一定要明确根据计划你要做什么；应该清楚地知道自己的职业环境，自己将会有怎样的发展机遇；不论未来是就业还是创业，都需要为自己的未来预留发展空间。

体现个人价值首先要明确个人价值。要清楚自己究竟想做什么，能做什么。所有的职场中人都应自问：我的定位是什么？核心竞争力有哪些？身价有多少？这些可以凭借自己的职业大环境来作评估，衡量并确定自己在该行业领域内的薪资价值。一般来说，衡量个人价值一方面根据自己的市场竞争力，另一方面则是根据市场需求。构成竞争力的基本要素是个人素质（包括知识、经验、技能、阅历及解决问题、处理人际关系的能力）、工作绩效、职位高低、知名度等。

（二）根据自己的特点和现实条件，确立自己的职业生涯目标

对于职场中人来说，工作有连续性和阶段性之分。很多人在每年的过渡中都不会对自己的职业发展有清醒而详细的规划统筹。制订规划时，应从职业发展前景和职业环境上着手。是否计划改变自己的职业环境、是否计划改善自己的职位、是否计划增长自己的薪资等问题，都应该纳入自己的考虑范围，并确定详细指标。

（三）详细分解目标，制订可操作的短期目标与相应的教育或培训计划

从小职员一跃成为老总的可能性实在微乎其微，那么制订能逐步实现的阶梯性可操作目标，无疑是每个职场人士最切实可行的职业规划方案。按季度进行时间划分是操作性最为便利的方式。同时要注意，制订细化目标是明智之举，但如果目标过于细碎，并不利于职业前景发展的顺利操作。因为不可预知因素和其

他职场上的旁枝琐节会打乱自己的发展计划。

（四）根据个人需要和现实变化，不断调整职业发展目标

职场上常说，计划赶不上变化。对于自己碰到的问题和环境，需要及时调整发展规划，而一成不变的发展计划有时形同虚设。

分析自我条件与确定职业目标的关系可以用图9-1来表述：

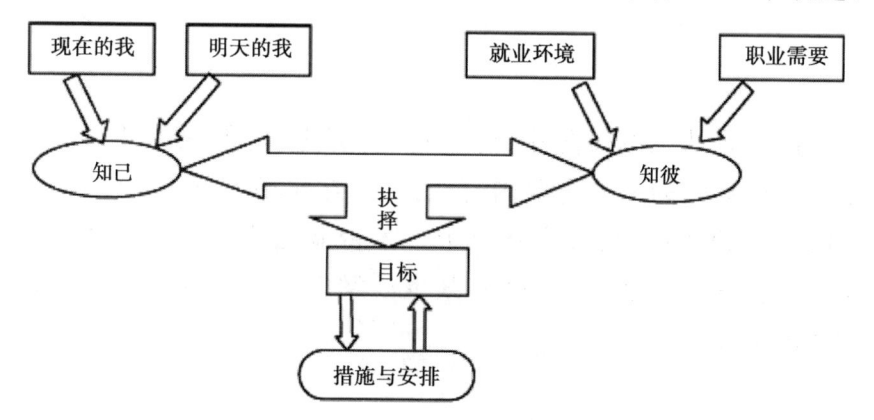

图 9-1 分析自我条件与确定职业目标的关系

第十章 提升能力促就业
——全面提升求职技能

在自我认知的过程中,除了性格、兴趣、价值观以外,技能也是自我认知中的一个重要内容。技能,在职场上可以看作是一个人的资产和本钱,它决定着一个人是否能胜任工作,是否能获得雇主的青睐。技能资产越多,其生涯发展的潜力就越大,升值的空间也越大。

第一节 求职渠道的选择

在求职竞争中,途径选择也是求职成功的重要因素,正确的途径选择可以减少求职的时间成本,提高沟通的效率,增加求职的成功率。如果没有选择好合适的求职途径,则要面临激烈的求职竞争,增加求职成功的难度。不论求职者的实力如何,都有必要运用有效的途径策略来帮助自己提高求职的成效。

一、通过人才市场求职

(一)如何选择人才市场

面对各种各样的就业招聘会,很多毕业生都存在着一种盲目草率的心理,没有选择性地参加各种招聘会,最终劳民伤财,效果不一定好。那么,毕业生应该如何参加招聘会呢?

第十章 提升能力促就业——全面提升求职技能

首先,特别提醒毕业生在参加招聘会时要有所选择,参加一些有影响力的招聘会,不要盲目出击,做无谓的付出。选择招聘会之前,毕业生要明确自己的择业目标,锁定相关的地域和行业,在重点参加本校招聘会的前提下,适时参加其他类型的招聘会。

其次,毕业生不要指望在招聘会现场就能得到答复。如果招聘单位前挤满了人的话,毕业生最主要的应该是尽量多地了解应聘单位信息,留下对方的联系方式。

再次,毕业生参加招聘会最好能够避开高峰期。这个高峰期一般在上午九点半到中午十一点左右。而且,在参加招聘会时要尽可能选择早场,这样你有更多的机会到多家单位的招聘点了解情况、自我推荐。

最后,在参加招聘会之前,毕业生一定要通过相关网站了解将要参展的单位信息,做到心中有数,避免到了招聘会现场再大海捞针似的寻找适合自己的单位。

(二)参加人才市场招聘的方法与技巧

1. 明确目标,有的放矢

大学生要根据自己的爱好和特长、专业特点等实际情况,确定拟选择单位的性质、规模、地域等,这样就可以有选择性地参加人才市场。

2. 提前获取招聘会信息

把自己的专业和感兴趣的公司标注下来,然后直接去其所在的层位,这样能够节省大量时间、体力,提高应聘的效率。

3. 自我介绍一分钟,揭开更深入的面谈

一分钟的自我介绍,犹如商品广告,在短短 60 秒内针对"客户"的需要,将自己最美好的一面毫无保留地表现出来,不但要令

对方留下深刻的印象,还要激起"购买欲"。同时应该认真制作一份真实全面的个人简历,充分展现自己的业务能力和知识水平,这是通向求职成功的第一步。求职者应详细介绍自己学过什么,做过什么和能做什么,愿意干什么,在实事求是的基础上,把自己的学历文凭、专业特长、取得的业绩和获得的荣誉一一展现出来。

4. 证件准备不要太烦琐

因为参会人非常多,用人单位没有时间当面验证,而是初次面试和收简历,同时也避免在人山人海的拥挤情况下丢失证件。

二、通过学校就业指导中心求职

学校的就业指导中心在学生的就业过程中发挥着重要的作用,不仅承担着为学生办理各种手续的任务,同时也是用人单位和学生之间的桥梁和纽带。就业指导中心会通过网络和公告等方式将一些用人单位的需求信息公布出来,同时也为用人单位在校内举行招聘信息发布会和招聘会提供场地。因此,就业指导中心也是信息来源的主要渠道之一。

各院系在毕业生的就业过程中也发挥着很大的作用。有许多单位不通过学校,而直接到院系里招人,以节省甄选的成本。我们应该主动地去要求老师协助。经常和学校就业指导中心或学院负责人交流,向他们坦露自己的想法,请求他们的帮助,是及时获取工作信息的重要方式。

三、网络求职

在互联网时代,越来越多的企业已把人才招聘网站作为开展招聘工作的主要平台,对于现在的求职者来说,人才招聘网站已经逐渐成为最重要的信息渠道之一。

第十章　提升能力促就业——全面提升求职技能

（一）网络求职的特点

网络招聘,体现在为求职者和用人单位双方提供更加便捷的互动交流平台。对于求职者来说,网络求职的特点是其他求职方式难以企及的,具体表现为以下几方面。

1. 容量大、更新快、突破时空限制

互联网一直被人视为海量的信息平台,信息容量大且更新快捷、方便。对于求职者来说,上网不仅可以同时看到几十甚至上百家用人单位的招聘信息,而且始终能看到最新的招聘职位。

2. 方便快捷、成本低廉

网上投递简历十分方便快捷,甚至可以一次投递多家单位、多个职位。而且如今上网的成本非常低,求职者还能免去奔波之苦,可谓省时省力。

3. 信息难辨真伪

招聘网站很多,招聘信息成千上万,对求职者来说,很难分辨信息的真假,也不太容易考察信息的出处。虽然绝大多数招聘网站都会对招聘信息进行审核,但有时候难免存在漏网之鱼,通过发布虚假信息牟利或从事其他不法活动的情况也时有出现。

4. 不利于突出个性

网站所提供的简历样式都非常模块化,千篇一律,不利于突出个人的独特之处。而且,需要填写的信息非常烦琐而不实用。

5. 简历过多不受重视

求职者在网站上输入了个人简历之后,自然希望有工作机会找上门来,但由于一个网站所存在的简历可能达到数百万份,除非是紧缺人才,否则引起注意的概率并不很高,求职者感觉难以受到重视。

6. 个人信息有泄露之忧

很多求职者在网上输入个人信息时,心理难免有这样的担心:个人信息是否会被泄露,从而被他人所用?这种担心并非空穴来风。一般来说招聘网站不会泄露求职者的简历,但也不能避免有人将公开的求职者个人信息挪作他用。

(二)网络招聘陷阱

虽然网络招聘盛行,但是由于网上选聘硬件设施并不完善,大部分网络求职平台没有配备音频、视频设备,无法实现学生和用人单位真正的网上"面对面交流",因此一些别有用心的人在网上粘贴虚假、过期的招聘信息,公布一些薪酬诱人的"招聘信息"来诱惑求职者,设下了各种陷阱。

1. 招聘单位收费和无限期试用

如果有公司上来就让你先交报名费,那一定是趁火打劫的骗子公司。毕业生在应聘时遇到收取报名费、面试费、培训费等额外费用的企业,都是应该警惕的。

有的企业招了人,就无限期地让学生实习,待遇也是按实习标准发放,这也是一种招聘陷阱。近来,很多求职的大学生被所谓的实习期三个月,再加上试用期三个月,搞得一头雾水。一些用人单位为降低人力资本,大量招募短期员工,且不签订劳动合同,待三个月试用期满,就以各种各样的借口予以解雇。就这样,一群又一群学生被这样的单位攫取劳动果实。

2. 通过招聘剽窃求职者作品

企业以选人为名,在笔试、业务考察等环节中让求职者撰写策划案、翻译文章,而这些都应是公司员工的本职工作。

除了把求职学生当免费劳力外,学生在简历中把自己的毕业设计和研究方向写得一清二楚，也让不少企业坐享其成。

3. 假高薪陷阱

在大学生求职招聘中，一些单位声明高工资，以此为诱饵，但却以不给职工交纳社会保险为条件。求职材料刚挂到网上，就有公司通知电话面试。面试很简单又允诺高薪，这些有可能是一些公司在利用网络搞传销，正在找工作的大学生当心掉入网上"求职陷阱"。大学生网上求职要选择一些大型的、正规的招聘网站，不要轻易在不熟悉的网站填写简历。在求职过程中，要注意甄别用人单位，查实用人单位是否正规、真实、可靠。

四、运用人际关系求职

每一个人都是社会人，都是各种社会关系的一个节点，都有自己的关系网络。这些社会关系就是求职者的资源，不论在东方国家，还是在西方国家，人际关系对求职者的实际帮助都是很大的。

我们这里所说的靠关系网进行求职，并不是鼓励你去利用家人、朋友的特殊身份，采取一些不正当手段进行求职。而是说，利用你的人际关系网络去获得更多更及时的机会。至于能否抓住这些机会，还是要靠你本身的表现和实力。

为什么靠关系求职也是一条非常重要的渠道呢？主要基于以下的几个理由。

一是员工推荐是公司招揽人才的重要手段。很多公司喜欢让自己的员工去推荐一些优秀的人，这样可以节省他们的搜寻成本，并且可以更容易地找到一些和公司的企业文化相吻合的人。

二是通过关系网可以得到很多别人不知道的需求信息。有很多空缺的职位是源于刚刚有人退休或者刚刚辞退不合格的员工，或是还在雇主脑子里的扩编计划。这些空缺并没有在报纸、网络或者媒体上刊登广告，甚至都没有上报给人力资源部门。此时如果你想获得这个信息,就要利用你的关系网,通过你的熟人,或者你熟人的熟人,去获得有关该空缺职位的信息。

三是利用关系网可以避免自己的简历被无缘无故地筛选掉。利用关系网可以更快地接近招聘者,使他们能够更好地了解自己。但是需要提醒你的是,关系并不是面试的替代品,更不是雇主是否录用你的决定性因素,真正能决定你是否被录用的还是你自己本身的实力和表现。

第二节　求职简历

简历,就是反映求职者个人的简要经历,也可以说是一个人生活、学习、工作经历与成绩的概括总结,它提供给阅读者的信息应该是全面而直接的,用人单位从求职者的简历中,能够看出他的业绩、能力、性格、经验方面的综合表现,是用人单位对求职者进行分析、比较、筛选,最终决定录用的主要依据。

求职简历是自荐材料中最重要的部分,所以,无论是在格式上还是在内容上都要做到最好。

一、求职简历的基本内容

(1)标题。一般为"简历""个人简历"或"求职简历"。

(2)个人基本信息。主要包括姓名、性别、出生年月、民族、政治面貌、家庭住址、邮政编码、联系方式、电子信箱等有关信息。

(3)受教育情况。用人单位主要通过受教育情况了解应聘者的教育背景,所以学历一般应写在前面,包括就读学校、所学专业、主修课目、所获学分(成绩)、学位等,一般不包括初、中等教育经历,特殊需要除外。目前比较流行的时间排序是倒序,由高到低,即高学位、高学历先写。目的在于突出你的最高学历。

(4)技能和特长。对于毕业生,特长就是你拥有的技能,包括写作、外语、计算机、体育和音乐等,如果通过国家级考试的,应一一罗列出来。另外,毕业生除了达到学校相关的教学要求外,还应写上自学取得的各种资质或等级证书、驾驶资格证等。

(5)社会实践和课外活动。这是简历的主体部分、核心。近年来,越来越多的用人单位希望招聘到具备一定应变能力、能够从事各种不同性质工作的大学生。学生干部和具备一定实际工作能力、管理能力的毕业生颇受用人单位的青睐。

(6)实习和相关成果。实习提供了理论联系实际的机会,增加了阅历,积累了工作经验,应尽可能将实习经历和实习单位的评价写详细,并强调收获。例如大学期间已发表过的文章、论文、成果,将是一个有力的参考内容,应写进简历并注明发表时间和刊物名称。

(7)所获荣誉。在学校里获得过何种奖励,取得的某种成就。包括优秀学生、优秀团员、优秀学生干部、奖学金等方面所获得的荣誉。各级各类的奖励记录,应附有复印件。

(8)求职照片。照片是一种无声的语言,他会给观赏者以直观、形象的影响,从而产生联想、加深印象。求职照片的主题是求职者本人,主要展示主人个性化的真实一面,一般用近期正规的半身免冠照即可。

(9)求职目标或意向。求职者根据用人单位的招聘信息,说明自己主要应聘什么职位,一般写上1~2个,而且这两个求职的目标不要相差太远。当你不知道用人单位的职务空缺情况时,就只能根据自己的专业特长、兴趣爱好表明求职意向。对求职的表述应力求简要清楚。

(10)自我评价。在简历的结尾留出一格,用100~200字写一份个人鉴定。

二、求职简历的撰写原则

(1)简历不要太长。一个企业,特别是大企业,会收到许多份简历,工作人员不可能每份都仔细研读,一般只会用1分钟左右的时间看完一份简历,所以,简历尽量要短。如果用一页纸就能清楚地表达自己,就千万不要用两页纸。

（2）简历中一定要真实客观。求职简历一定要按照实际情况填写,任何虚假的内容都不要写,即使有人靠含有水分的简历得到面试的机会,在面试时也会露出马脚。

（3）简历上要写明求职的职位。每份简历都要根据你所申请的职位来设计,突出你在这方面的优点,不能把自己说成是一个全才,任何职位都适合。

（4）在文字、排版、格式上不要出现错误。用人单位最不能容忍的事就是简历上出现错别字,或是在格式、排版上有技术性错误以及简历被折叠得皱皱巴巴、有污点。打印简历一定要用白色或鹅黄、浅蓝色的A4纸,字体最好用宋体,字号最好用小四,用黑白打印,简历最好不要折叠。

（5）简历不必做得太花哨。简历过分标新立异有时反而会带来不好的效果。首先,一个经验丰富的招聘者可能会认为你过分修饰简历,这是一种华而不实的表现,进而推想你的工作态度也是夸夸其谈、眼高手低的。其次,当招聘者拿到一份精美的简历时,他对简历内容的期望值也会增加,而一旦这份简历内容的精彩程度无法与他的形式相配,招聘者的失望感也就会更强烈,这无形中提高了对简历的筛选标准,对应聘者有害无益。

（6）简历言辞要简洁直白,不要过于华丽。大学生求职简历的很多言辞过于华丽,形容词、修饰语过多,这样的简历一般不会打动招聘者。

第三节　面试技巧

面试在大学生求职的过程中起到了非常重要的作用,它甚至是用人单位决定是否用人的关键环节。因此,即使大学生具备了良好的专业能力,也需要通过得当的面试技巧向用人单位展示自己的才华。可见大学生在求职的过程中,不仅要有过硬的专业知识,而且还要掌握一定的面试技巧。

一、面试准备

(一)面试概述

面试是指在特定的时间、地点所进行的,有着预先精心设计好的明确的目的和程序的谈话,通过招聘者与应试者之间的互动交流以及面对面观察,进行互相了解的测评方式。面试的了解是双向的,既有招聘者对应试者的了解,也有应试者对求职单位的了解。前者主要是了解应试者的素质特征、能力状况以及求职动机等,后者主要是了解用人单位的工资状况、晋升制度、企业文化等。

对于刚毕业的大学生来说,面试还是一种非常有挑战性的测评方式。面试的综合性极强,它是对应试者能力的一种全面考核,包括应试者的学习能力、沟通能力、个人素质等。面试时的表现常常会影响到招聘者对求职者能力的判断,也会直接影响到双方是否可以成功地建立聘用关系。因此,面试对大学生求职有着重要的意义。

面试的种类很多,包括情景模拟面试、视频语音面试等,最常用的方式还是"一对一"或"一对多"的传统面试。

(二)面试前的准备

正所谓"知己知彼,百战百胜",大学生参加面试前一定要有所准备。这里的准备包括好几方面的内容,一方面是要准备自我推荐的材料、文凭、各类证书、照片等必需品,另一方面还要准备自己在求职时可能会使用到的一些语言。细节是关键,面试时的细小行为最能说明一个人的真实情况。因此,求职者一定要注意把握自己的细节,遵循与自己身份、专业相吻合的行为规范,争取给招聘者留下好的印象。下面,我们就从"知己"与"知彼"两个方面来了解求职者在面试前的具体准备。

1. "知己"

"知己",就是要了解自己。在面试之前,求职者要善于挖掘自己与求职单位的"契合点",也就是挖掘自己身上与所应聘单位、所应聘岗位相吻合的特质。因此,面试前求职者应根据招聘岗位的要求有针对性地组织自己的兴趣、个性特征、价值观和能力等各方面的素材,尽量用事例和数据说明自己的综合能力。基于这样的了解之后,求职者还要在面试中把它自信地展现出来,以给招聘者留下良好的印象。除此之外,求职者还需要做好以下几个方面的准备:准备好自我介绍的材料和语言;预测面试官可能提到的问题,准备好1~2个答案;准备好自己所要提出的问题;准备好自己的面试服装,保持良好的精神状态;对于自己不熟悉的面试地点可以提前去踩点。

2. "知彼"

"知彼"是指求职者对应聘单位的了解。求职者对应聘单位的了解方式可以是多样化的,包括通过招聘单位的广告信息、打电话或者上网咨询相关的部门、与应聘单位的员工交谈等。具体了解的内容应包括求职单位的基本信息、企业的相关制度、文化,求职岗位的工作要求、内容等。求职者要根据了解到的情况来分析所应聘岗位与自己的兴趣、性格、能力和特长是否相吻合。此外,求职者还应该搜集相应行业的发展报告,了解行业发展趋势。

求职者在面试前了解用人单位面试测评的主要内容,有利于自己在面试中从容不迫地应对各种问题。具体来说,面试的内容包括以下几个方面。

第一,专业知识。用人单位一般都会对求职者的专业知识有一定的要求。在面试中常会以比较灵活的方式对求职者进行考查,所提问题也更接近空缺岗位对专业知识的需求。

第二,表达能力。面试中最能体现的就是求职者的表达能力。面试考官通过求职者叙述自己的思想、观点、意见对其表达能力进行判断。一般来说,教师、公关人员和管理人员等职位对表达能力的要求较高。

第三,实践经验。用人单位通过查阅求职者的个人简历来了解其相关的实践经验。在面试的过程中可能还会对求职者进行进一步的提问,以便起到补充、证实的作用。

第四,应变能力。其主要看求职者对主考官所问的问题理解是否准确,回答的迅速性、准确性等,面对突发问题以及突发事件是否能够进行恰当的回答和处理等。急诊科医务人员、司机和飞行员等职位对应变能力要求较高。

第五,综合分析能力。面试中,主考官会对求职者提出一些问题,根据求职者对这些问题的分析情况,用人单位会作出相应的判断。市场分析员和管理者等职位对综合分析能力的要求较高。

第六,人际交往能力。面试中,主考官会对求职者的人际交往能力进行判断和分析。了解的途径包括询问求职者经常参与哪些社团活动,喜欢同哪种类型的人打交道等。销售人员、公关人员和管理人员等职位对人际交往能力的要求较高。

第七,自我控制能力。一些职位对于求职者的情绪控制能力要求较高,如国家公务员、企业的管理人员等。

第八,求职动机。用人单位会提出一些问题来了解求职者的求职动机。例如"为什么选择来这里工作""你对这类工作的看法是什么""在工作中你最看重的是什么"等,从而判断本单位所能提供的职位或工作条件等能否满足其工作要求和期望。

第九,工作态度。一是要了解求职者对过去学习、工作的态度;二是要了解其对现报考职位的态度。

第十,兴趣爱好。用人单位有时会了解求职者的兴趣与爱好,以便对工作进行安排。了解的方式主要是询问求职者喜欢从事哪些运动,喜欢阅读哪些书籍,有什么样的嗜好等。

第十一,其他。面试时主考官还会向求职者介绍本单位及拟招聘职位的情况与要求,讨论求职者关心的工资、福利、晋升等问题。

二、面试策略与技巧

(一)面试答问策略

1. 抓住重点、思路清晰

一般情况下,求职者可以先明确表达自己的观点,然后再对观点进行阐释。否则,长篇大论,会让人不得要领。除此之外,面试时间有限,如果求职者无关紧要的话太多,很容易淡化自己的中心思想。同时,还要注意,不可简单地以"是""否"来回答考官提出的问题,求职者要有针对性地稍微阐释一下自己的答案,有的需要解释原因,有的需要说明程度。

2. 不要答非所问

如果在面试中,没听清楚主考官提出的问题,或者对问题的意思还不明确,就不要急于回答。可将问题复述一遍,并先就自己对这一问题的理解,请教对方以确认内容。这样才能做到有针对性地回答问题,不至于答非所问。如果真遇到自己不会的问题,也要大方地承认自己在这一方面的不足,千万不可以不懂装懂或者是默不作声。这样只会给主考官留下不好的印象。

3. 有良好的语言习惯

语言习惯对语义的表达有重要作用,要注意恰当地使用语音语调以及肢体语言。面试中,合理地运用肢体语言,不仅有助于阐释自己的观点,可以给面试官留下良好的印象,因此,求职者在面试时可以在以下细节上多注意:面带微笑,手势恰当,仔细聆听,适当做笔记,声音响亮、抑扬顿挫,保持高昂的精神状态,这些丰富的肢体语言和恰当的语音语调,势必会增加面试成功率。

4. 有独立的见解

面试官对求职者提出的问题都差不多,千篇一律的回答只会让他们头脑发麻,因此,只有那些有个人特色的回答,才会在众多的求职者中脱颖而出,引起对方的兴趣。

当然,有些用人单位也会故意设计一些"刁钻"的问题,以难为求职者,然后看他们的反应和表现。这些提问常让求职者摸不着头脑。如果求职者为此恼羞成怒,恶语相对,无疑等于自己在封杀求职的道路。

5. 善于打破沉默场面

面试中,有时面试官故意长时间不说话来测评求职者的心理承受能力。当出现这种情况时,求职者要学会主动打破僵局,充分把握好这一段时间。可以利用这段时间,对前面所讲的话题加以必要的补充,或者是提出自己尚未理解的问题,还可以把个人的有关情况做进一步的说明。

面试时若主考官问到还有没有其他问题,求职者可以适当问一些问题,问题的重点放在招聘者的需求及求职者如何能满足这些需求上。例如怎样更好地处理应聘岗位中的困难和挑战;所应聘职位与其他部门之间的关系;在应聘职位上应该取得怎样的成果等。

6. 忌急问待遇问题

在面试中,求职者最关心的就是自己的待遇问题。因此,常常是说不了两句话就开始问自己的工资待遇、福利情况、休假制度等,这些问题常会让用人单位产生不好的印象,不利于双方的进一步交流。虽然说找工作就是为了挣钱,但一定要看准时机,一般在对方已有初步录用意向时谈薪酬问题比较合适。

7. 自然地结束面试

有些求职者不知如何自然地结束面试,只是一味地等着面试官说结束。其实,当面试官说:"行,今天面试就到这里吧!"求职者就应该徐徐起立,与对方进行一个眼神上的交流,然后说一些"感谢贵公司提供面试机会"等类似的话语。如果时间相对充足,就表达自己对意向单位的兴趣:"如果能有幸进入贵单位服务,我必定全力以赴。"以此突显自己的满腔热忱。

(二)应对面试突发情况的策略

在面试中,有很多突发的状况,是求职者面试前所准备不到的。如果求职者不能很好地处理这些问题,将会直接影响面试的结果。为了便于大学生在求职时面对突发状况可以应对自如,下面就介绍几种比较常见的突发状况应对策略。

1. 遇到不清楚问题的应对策略

在一些情况下,求职者对主考官提出的问题并不十分明确,完全不知从何答起,这时,求职者可以婉转地问主考官是否指某方面的问题,千万不可以随意猜测、东拉西扯。如果一点头绪都没有,也要如实地告诉主考官,不可以不懂装懂。事实上,告诉主考官自己没有学过某方面的知识并没有什么丢人的,毕竟没有人什么都知道。

2. 精神紧张的应对策略

在面试中,大学生求职者普遍存在着精神紧张的现象,面对这种情况,求职者可以进行以下几个方面的准备。

第一,模拟面试情形。求职者可以先请有关教师或同学充当主考官,对自己进行面试,发现自己存在的问题与不足,注意在正式的面试中加以改正,以增强面试时的自信心。

第二,提前熟悉面试场所,以消除自己到陌生环境的紧张感。

第三,在回答面试官的问题时,要注意调整自己的语速,使自己在表述的时候还有思考的时间,这样语言才会连贯、流畅。否则,语速太快,很容易让自己忘记接下来要说什么。所以,切记面试时从头到尾讲话要不急不慢,克服紧张情绪。

3.讲错了话的应对策略

人在紧张时很容易说错话,而说错话之后就会更加紧张,这样一来,很容易形成恶性循环,导致面试成绩不高。求职者即使讲错话,也要保持镇静,不要太在意,可以很自然地提出下一个话题,不要因为一个小问题就影响了大局。同时,也可以对自己进行心理暗示,想着每个人都会出错,紧张也没有用。

值得注意的是,如果说错的话比较重要,就应该立即纠正错误,给对方道歉,例如说:"对不起,刚才我紧张了一点,好像说错了话,我的意思是……不是……请原谅!"及时改正自己的意思,这也是求职者勇敢和坦白的表现。

总之,在面试中,遇到任何突发情况,求职者都要保持冷静的头脑,寻找最佳的方式对其进行处理,惊慌失措只会乱了自己的阵脚。只要认真对待,定能化险为夷。

(三)面试的忌讳

面试的忌讳一般指的是那些千万不可以犯的低级错误。下面就具体介绍几个忌讳事项。

第一,完全被动。在面试的过程中,求职者要么表现为默不作声,要么就是主考官问一句答一句,回答也只是简单地"是"或"不是",这样的求职者必然让用人单位失望。

第二,不当反问。例如主考官会问求职者对工资的期望值是多少,如果求职者反问:"你们打算出多少?"就是非常不礼貌的,很容易给面试官造成不好的印象。

第三,傲然自大。有些面试者只顾提出自己的问题,全然不顾用人单位提出的问题,甚至是随意打断主考官的话,让整个气氛陷入尴尬。这种做法在面试中是非常忌讳的。

第四,不耐烦。主考官有时为了全面地了解求职者,常会问一些与职位完全无关的问题,以考察求职者的应变能力和其他方面的技能。面对这种情况,求职者不要表现出不耐烦或惊讶,以免给用人单位留下一个太计较的印象。

第五,急于套近乎。在面试中,求职者切忌说"我认识你们单位的某某""和某某关系很不错"等,这种只会增加主考官的反感。

第六,盲目应试。求职者对于招聘单位的信息并不清楚,只是盲目地应试,让自己赶紧有份工作,这样做必然以失败告终。

第七,惊慌。部分主考官为了观察求职者的反应,故意提出一些反对意见。所以,应试者切忌因主考官不赞同自己的意见而惊慌失措。

(四)探知面试结果的技巧

面试结束后,面试官常常会说"回去等通知"之类的话,当然也有一些意外,就是当场表示面试者是否被录用。在一般情况下,主考官在面试结束后,都要进行讨论、筛选,可能要等3～5天。求职者在这段时间应该耐心等待,不要过早打听面试结果。如果在对方通知的时间之内没收到答复,就应写信或打电话给招聘单位或主考官,询问是否已做出了决定。

第四节　模拟面试

面试是毕业生整个求职过程中最为关键、最具决定意义的一关。有一个不可否认的现象令人深思,有的毕业生学习成绩优秀、社团活动活跃、手中还有不少各类证书,但不知为什么到了毕业面试的"节骨眼"就没有了竞争力。可能以为凭自己的优势,面试不认真准备,就可以过关斩将,结果一天天看着签约人数不断增加,自己却总是过不了这一关。本节希望通过实训模拟,增强大学生面试闯关的三大能力,帮助毕业生获得参加面试的心理准备并提高自己的面试能力。

课前准备:请你为前去面试穿着打扮一下,充分展现你青春、干练的职业形象。

一、让你记住我——良好职业形象

第一步:请出 6～10 位同学,全班同学都以主考官身份,评定哪个同学的着装最适合去参加面试,并说明原因。

观察这几位同学后,将你对他们面试着装的评价记录下来。

你认为最好的职业形象设计是哪位同学?为什么?

给一位你认为形象设计不足的同学,提出你的设计建议,并说明为什么?

第二步:6 人分成一个小组,在小组内分别以主考官身份,对每一位同学的职业形象作出评价。

请同学们互评后,将对你评出的成绩记录在下面:

1. 上衣:优秀　良好　及格　不及格
评语:

2. 下装:优秀　良好　及格　不及格
评语:

3. 鞋子:优秀　良好　及格　不及格
评语:

4. 提包:优秀　良好　及格　不及格
评语:

5. 头发:优秀　良好　及格　不及格
评语:

6. 饰物:优秀　良好　及格　不及格
评语:

7. 色彩:优秀　良好　及格　不及格
评语:

8. 效果：优秀　良好　及格　不及格
评语：
9. 其他：优秀　良好　及格　不及格
评语：
职业形象面试结果：

二、让你欣赏我——展示职业岗位胜任能力

（一）无领导小组讨论

请你仔细阅读下面的材料：

一个人要想拥有良好的人际关系,可能取决于许多重要的因素。例如：在人际交往中表现得比较主动,待人热情,为人老实,办事能力强,占有较高的社会地位,兴趣爱好广泛,乐于帮助别人,对他人的内心世界有很好的洞察力,豁达,不在小事上斤斤计较,健谈,幽默,为了朋友能够牺牲个人利益,言谈举止有风度,情绪稳定性好,独立、有主见。

请你分别从上面所列出的这些因素中,选出一个你认为最重要的因素和一个最不重要的因素。

首先给你时间自己考虑,然后将你的答案写在纸上,时间为5分钟。

分成 6 人一个小组,就这个问题展开讨论,时间 10 分钟左右：讨论后每小组必须拿出一个一致性的意见,即得出一个小组共同认为的最重要的因素和最不重要的因素（表 10-1）。然后每次派出三个组的三位代表,到前面来汇报各组的意见,把选择要素写在黑板上,每组 2～3 分钟,要阐述各小组作出这种选择的原因。与上一组相同的标上符号,如有不同的原因,将原因写在这个要素的后面。

如果到了规定的时间,还是不能得到一个统一的意见的话,那么在每一个人的"个人成绩"上写上扣分。

第十章 提升能力促就业——全面提升求职技能

表 10-1 讨论意见记录表

同学姓名	最重要因素	选择理由	数量统计	个人成绩

小组代表发言提纲：

小组一致性结论：

最重要因素：

选择理由：

面试测评要素：①观察与分析能力；②说服能力；③概括归纳能力；④团体协调能力；⑤人际亲和力；⑥应变能力；⑦情绪控制能力。

（二）行业描述式面试

主考官：请描述你最近非常忙碌的一件与专业学习有关的事情。

训练步骤：

第一步：分组确定本专业岗位核心能力

将学生分为6人一组。

通过确定和讨论交流以下几个问题，写出你所了解的本专业的一项职业岗位核心能力，写在下面：

我学习的专业是：

我学习这个专业的未来职业目标是：

职业岗位核心能力是：

第二步：

情境：写出与体现这一核心能力有关，你经历过的学习或实习，或实训的情境。

对情境表述的同学评价记录：

行为（写出你面对这一情境，做了什么能体现你具备岗位核心能力的事情）：

表述的同学评价记录：

结果（写出你做出的行为结果）：

对结果表述的同学评价记录：

第三步：

将以上行为描述的情境、行为、结果写完后，将《大学生职业指导实训手册》与同学交换。以主考官的身份，互相在以上"同学评价记录"下方，写上你的评价意见。

如果有时间，可安排部分小组到前面来讲，全班同学从面试官角度对其作出评价。

评价标准：是否能让主考官了解你具备何种岗位核心技能。

三、让你录用我——求职心态决定应聘成败

心态训练一：讨论分析如何面对企业不要应届毕业生的若干理由

有人说大学生就业有四大门槛：专业、经验、性别和户口。针对以下企业不要应届毕业生的若干理由，你用关键的、能改变他们观念的一句话，给他们一个录用你的理由。同学们将自己想好的理由写在下面。之后可采取小组讨论，也可全班讨论，学生也可自主开展专题课外研讨活动。

例如：

企业理由1：已有本科以上毕业生来应聘，你是大专学历，我为什么要录用你？

你的理由：少上学换得的年龄优势足以抵消没有实践经验的学历优势，参加工作两年后，如果按单位的岗位需要在职学习，为企业的服务会更有针对性。

（这个可以用于面试回答。其中的含义有两个：一是会按国家规定两年后才报考，不会因考试影响工作；二是不会干两年就考走，而是为了岗位需要在职学习，表明对企业的忠诚度。）

企业理由2：同样的工作，中专、高中生能做，我为什么多花

钱用大学生？

你的理由：

企业理由3：应届毕业生找工作往往是谋求一个更好职位的"跳板"。

你的理由：

企业理由4：现在大学生多得是，还是有工作经验的人比应届毕业生好。

你的理由：

企业理由5：大学生频繁跳槽，家是外地的跳槽概率更大，企业有潜在的成本损失。

你的理由：

企业理由6：没有实际工作经验，公司得花费时间和财力培养，最好是招进来就能干活的人。

你的理由：

心态训练二：针对招聘方心理，你做好准备了吗？

面对招聘方如下心理你如何做好准备？请你按教师上课要求，或通过小组讨论，或经过全班讨论，选择其中你最有体会的企业面试心理，写出你的感想。

作业要求：1000字以内的感想。

招聘方心理1：连话都说不清楚，会有工作能力吗？

招聘方心理2：招聘有工作经验的即使跳槽了，也没损失公司的培养或培训成本。

招聘方心理3：一位大学生毁约，意味着另一位大学生失去这个岗位，企业付出时间、精力，却招人落空，相关岗位工作不能正常运转，不能再招应届毕业生。

招聘方心理4：低学历的毕业生很珍惜有一份工作，工作态度普遍好。

招聘方心理5：简历不能不信也不能全信，要面谈，更要试用。

招聘方心理6：本科与专科生工资差超过500元的用专科生，流动性少。

招聘方心理 7：我们这也不是招模特，不要招聘太漂亮的，免得日后麻烦多。

招聘方心理 8：走时包也忘拿了，心理紧张，丢三落四，工作交给他/她如何让人放心？

招聘方心理 9：应届毕业生没有工作经验，眼高手低，我们可不能录用。

招聘方心理 10：不怕你有个性，就怕你不能胜任岗位。

心态训练三：评议你的求职心态。

课堂互动：说出你现在的求职心态，让同学们讨论一下是否存在什么问题，将讨论的结果，概要写在问题下面。

书写模式列举：

心态 1：同是高职高专毕业，我不能找比别人薪水低的职业。

问题评析：薪水高低是个动态的问题，今天高明天可能低。

心态 2：有工作先干，积累经验以后再跳槽。

问题评析：就业如此难的形势下，要对接纳自己的用人单位心存感激，心图回报。企业不愿意要应届毕业生的原因之一就是跳槽较多，对企业发展影响较大。

评议你的求职心态：

（1）写出你目前的求职心态。

（2）请同学们评议，说说你的求职心态有什么不妥之处，请记下同学们对调整求职心态的好建议。

第十一章 知己知彼为护航
——求职就业法律法规

当前很多大学生就业法律法规意识淡薄,解决这个问题的重要手段和主要途径,应落脚于高校在开展就业教育时需注重大学生就业法律法规意识的培养。

第一节 大学生就业政策及制度

一、大学生就业政策

(一)我国大学生就业政策框架

《普通高等学校毕业生就业工作暂行规定》(教学〔1997〕6号)、《关于进一步深化普通高等学校毕业生就业制度改革有关问题的意见》(国发〔2002〕19号)、《关于进一步做好2003年普通高等学校毕业生就业工作的通知》(国发〔2003〕49号)、《关于进一步做好2004年普通高等学校毕业生就业工作的通知》(国发〔2004〕35号)、《关于做好2007年普通高等学校毕业生就业工作的通知》(国发〔2007〕26号)、《国务院办公厅关于加强普通高等学校毕业生就业工作的通知》(国办〔2009〕3号)、《国务院关于进一步做好普通高等学校毕业生就业工作的通知》(国发〔2011〕16号)、《关于做好2012年全国普通高等学校毕业生就业工作的通知》(国发〔2011〕12号)、《教育部关于做好2013年全国普通高等学校毕业生就业工作的通知》(教学〔2012〕11号)等文件明确了毕业生就业改革的方向和工作重点。做出了一系列决策和部署,初步形成了新时期高校毕业生就业工作的政策框架。

1. 实行中央和地方两级管理,以地方管理为主的工作机制

中央建立了由国务院有关部门参加的高校毕业生就业工作联席会议制度,定期研究、协调解决工作中的重大问题。各省、自治区、直辖市人民政府建立了高校毕业生就业工作的领导协调机制。各地区、各有关部门把高校毕业生就业工作列入重要议程,纳入经济和社会发展规划,作为就业和再就业工作的重要组成部分。各地区、各有关部门和高等学校建立高校毕业生就业工作目标责任制,明确工作目标,制订具体措施,解决实际问题,确保高校毕业生就业。

2. 积极拓宽毕业生就业渠道,引导毕业生面向西部、基层就业

拓宽高校毕业生到基层就业的渠道,鼓励高校毕业生到基层、中小企业和艰苦地区就业。各级政府积极为高校毕业生创造工作条件,主要充实城市社区和农村乡镇基层单位,从事教育、卫生、公安、农技、扶贫和其他社会公益事业。

鼓励和支持毕业生到中小企业工作,到西部地区工作。到西部贫困县的乡镇一级教育、卫生、农技、扶贫等单位服务两年,服务期间计算工龄。志愿者服务期满后,鼓励扎根基层或者自主创业和流动就业,愿意报考研究生或报考党政机关和应聘国有企事业单位的,仍然享受在艰苦地区工作两年或两年以上人员的优惠政策。

3. 培育和建设更加完善的毕业生就业市场

各级政府采取有效措施,积极推动高校毕业生就业市场建设,并与人才市场和劳动力市场相互贯通和资源共享,做好为毕

业生服务的窗口工作。在大中城市的劳动力市场开辟专门针对高校毕业生和技术技能人才的服务窗口,开展有针对性的指导、服务、培训和招聘活动。严格规范各种毕业生招聘会秩序,禁止以盈利为目的地举办高校毕业生招聘活动,切实维护毕业生的合法权益,保护毕业生的人身安全。

高校毕业生就业主管部门及其他部门建立用人单位招聘毕业生信用制度,对发布虚假招聘信息,利用招聘信息进行欺诈、损害毕业生权益的,将做出严肃处理。

4. 建立高校毕业生社会服务体系

高等学校毕业生就业指导和服务体系建设作为现代大学制度和教育教学改革的一项重要内容,正在逐步建立和完善,以构建更加完善的毕业生就业工作服务体系。

高等学校毕业生就业服务部门要做好信息搜集工作,专门搜集一批适合高校毕业生的就业需求信息,并组织召开专门针对高校毕业生的供需见面会,加快高校毕业生就业信息化进程。目前各高校已基本实现就业服务信息网络化,并与国家和省市网互联互通,同时正在加快毕业生就业服务网信息资源建设,尽快实现网上招聘和远程面试。

充分发挥现有的高校毕业生就业市场、人才市场和劳动力市场的作用。凡就业确有困难、需要帮助的未就业高校毕业生,可到当地政府有关部门所属的高校毕业生就业指导机构、人才交流机构或公共职业介绍机构登记;对已进行登记的未就业高校毕业生,有关机构提供免费就业指导和就业信息服务;对其中的党员、团员,要按有关规定,定期组织活动,根据市场需求,有组织地定期举办短期职业技能培训。

为高校毕业生办理户口和人事档案手续提供便利。本人落实工作单位后,公安部门按有关规定办理户口迁移手续,档案迁入用人单位规定的档案管理机构或迁回入学前户籍所在地,户籍和档案在同一地区。

5. 加大对毕业后就业工作的政策支持力度

深化人事制度和劳动用工制度改革，完善并严格执行职业资格准入制度。对于国家规定实行就业准入的职业，从业者和初次就业者必须取得相应资格证书后，方可上岗；对其中新增加的就业岗位，优先录用符合相应资格条件的高校毕业生。

在国家政策规定范围内，切实落实用人单位的用人自主权。省会及省会以下城市逐步取消进入指标、户口指标等限制，以利于高校毕业生就业。取消限制高校特别是专科高职毕业生合理流动的政策规定，允许高校毕业生跨地市、跨省（自治区、直辖市）就业。

党政机关录用公务员和国有企事业单位新增专业技术人员和管理人员，主要面向高校毕业生，公开招考或招聘，择优录用。各级党政机关特别是地（市）、县、乡级机关录用公务员，严格坚持"凡进必考"制度。

切实解决非公有制单位聘用高校毕业生的有关问题。积极放宽建立集体户口的审批手续，及时便捷地办理落户手续。用人单位要按照国家有关规定与所聘毕业生签订劳动合同，为其办理社会保险手续，缴纳社会保险费用，保障其合法权益。

6. 建立完善的就业状况报告、公布、督查和评估制度

各省、自治区、直辖市正在建立并不断完善高校毕业生就业监测体系，科学、准确、快速地报告就业工作进展情况，及时公布当地高等学校的毕业生就业率。

加强对毕业生就业工作的督促检查，重点检查就业工作薄弱地区、薄弱学校，对工作不落实、政策不到位的情况限期整改。

7. 鼓励自主创业和灵活就业

从事个体经营和自由职业的高校毕业生要按当地政府部门的规定，到社会保险经办机构办理社会保险登记，缴纳社会保

第十一章　知己知彼为护航——求职就业法律法规

险费。

鼓励高校毕业生自主创业,为其提供创业培训、项目开发、小额贷款和担保、税费减免、跟踪服务等一条龙服务。

(二)不同类型大学生的就业政策

1. 结业生的就业政策

结业生就业必须在《就业报到证》上注明"结业生"字样;在规定时间内未联系单位的,其档案、户籍关系转至家庭所在地(家住农村的保留非农业户籍),自谋职业。已被录用的结业生,在国家财政拨款单位就业的,其工资待遇按照国务院有关文件规定,比国家规定的普通大学生工资标准低一级。结业生在一年内补考及格换发毕业证书者,国家承认其毕业资格,工资待遇从补发证书之日起按大学生对待。

2. 定向生的就业政策

定向生原则上按入学时签订的合同就业,如确因特殊情况不能回原定向单位就业的毕业生,须征得原单位的同意,报就业主管部门批准,并缴纳相应的违约金和培养费后,可调整就业单位。

3. 享受国家专业奖学金及享受艰苦行业、地区或特殊岗位定向奖学金的毕业生就业政策

享受师范、农林、民族、体育、航海等国家专业奖学金及享受艰苦行业、地区或特殊岗位定向奖学金的毕业生原则上按国家计划就业,对不服从就业计划自谋职业的,需补缴在校学习期间普通专业的学费并返还定向奖学金、专业奖学金。

4. 患病大学生的就业政策

学校应在大学生毕业前认真负责地对大学生进行健康检查,不能坚持正常工作的,让其回家休养。一年内治愈的(须经学校

指定县级以上医院证明能坚持正常工作的）可以随下一届大学生就业；一年以后仍未痊愈或无用人单位接收的，户籍关系和档案材料转至家庭所在地，由其自谋职业。

5. 残疾毕业生的就业政策

国家政策规定，对残疾毕业生学校应帮助其就业，确有困难的，按有关规定由生源所在地民政部安置。必要时，学校可与民政部门联系安排残疾毕业生的工作单位。

6. 来自边远省（自治区）大学生的就业政策

来源于边远省（自治区）的本、专科大学生，只要是边远省（自治区）急需的，原则上应回到原省（自治区）就业。边远省（自治区）特指：内蒙古自治区、黑龙江省、广西壮族自治区、贵州省、云南省、西藏自治区、甘肃省、宁夏回族自治区、青海省、新疆维吾尔自治区。

7. 大学生到军队工作的就业政策

大学生可以到军队就业。自愿参军的大学生经学校推荐，可以接受军队有关部门的考核。到军队工作的大学生必须品学兼优，身体健康并自愿献身于国防事业。入伍后的大学生在首次评授军衔、评定专业技术职务、确定专业技术等级以及住房分配方面，与同期入伍军队院校的大学生同等对待。到边远艰苦地区部队的大学生，不实行见习期；自批准入伍之日起，确定职级和军衔，工资待遇按照军委、总部的有关规定执行。

8. 大学生自费出国留学的就业政策

毕业生可以申请自费出国留学，申请自费出国留学的毕业生不参加就业，凭国（境）外大学的录取通知书，在学校规定的期限内提出申请，经学校教务处和毕业生就业管理部门审核同意后，不列入就业计划。毕业生集中离校时未办妥出国手续的，原则上将其户口转至家庭所在地,继续办理出国手续。

9. 考取当年研究生的毕业生的就业政策

按国家计划从应届毕业生中招收录取的研究生,原则上不再办理就业手续。因特殊情况需要工作的,须征得录取院校(单位)同意,然后向学校提出申请,经学校研究并报省级毕业生就业主管部门同意后,方可办理有关手续。

10. 肄业生的就业政策

大学肄业的学生由学校发给肄业证书,国家不负责其就业派遣。并将其档案和户口转回其生源所在地自谋职业。

二、大学生就业制度

大学生就业是个社会问题,涉及面广,问题复杂。政府和有关部门发布的相关就业促进政策,为大学生提供了便利的就业通道,维护了就业秩序,同时在很大程度上保护了大学生的求职就业权益。

(一)劳动合同制度

劳动合同制度是指专门规范劳动合同的制度。2007年6月29日,第十届全国人民代表大会常务委员会第二十八次会议审议通过了《中华人民共和国劳动合同法》(以下简称《劳动合同法》),于2008年1月1日起实施。《劳动合同法》从劳动合同的订立、履行和变更、解除和终止等多个方面,进一步完善了劳动合同制度,明确了劳动合同双方的权利和义务,保护了劳动者的合法权益。

目前,我国已经基本实现全员劳动合同制,"全员劳动合同制度是企业与全体职工在平等自愿、协调一致的基础上,通过签订劳动合同,明确双方的责、权、利,以法律形式确定劳动关系,并依照合同进行法制管理的新型用工制度"[①]。这就从根本上改变了计划经济体制下,企业劳工主要依靠行政手段分配的管理机制,使用人单位和劳动者可以在平等的基础上实行双向选择。劳动者和用人单位的关系也由原来的行政关系转变为两个主体之间的平等契约关系,而国家主要负责调控、监督劳动力市场,保护用人单位和劳动者双方的合法权益,实现劳动力资源的合理配置。

(二)人事代理制度

人事代理是指在我国社会主义市场经济条件下,由政府人事部门批准或授权的人才服务机构,按照国家有关人事政策法规要求,受单位或个人委托,运用社会化服务方式和现代化手段,为多种所有制经济尤其是非公有制经济单位及各类人才代办相关人事业务的人事改革新举措。

人事代理的方式有委托人事代理,可由单位委托,也可由个人委托;可多项委托,将人事关系、人事档案、工资关系、养老保险社会统筹等委托区人才服务中心管理,也可单项委托,将人事档案委托区人才服务中心管理。

1. 代表方可以提供的服务

第一,为委托方提供人事政策咨询。

第二,为委托方管理人事关系、人事档案,具体包括以下几个方面。

(1)办理专业技术人员专业技术职务任职资格的申报工作。

(2)办理大中专毕业生见习期满后的转正定级手续,调整档案工资。

(3)出具因公或因私出国;自费留学;报考研究生;婚姻登记和独生子女手续等与人事档案有关的证明材料。

第三,为国家承认学历的大中专毕业生提供人事代理服务,

[①] 姜伟.大学生职业发展与就业指导(第2版)[M].北京:电子工业出版社,2015:115.

从签订人事代理合同之日起按照有关规定承认身份、申报职称、计算工龄、确定档案工资、办理流动手续。

第四,为委托方接转党团组织关系。

第五,为委托方代办失业、养老等社会保险业务。

第六,为委托方代办人才招聘业务,提供人才供需信息,负责聘用人员合同签证。

第七,根据委托方要求,开展岗位培训。

第八,根据委托方要求,开展人才测评业务。

第九,代理与人事管理相关业务。

2. 人事代理的程序

第一,委托方向代理方提出申请,并提供各类相关材料。需要特别提醒的是,如果是由个人办理委托人事代理,需要根据各自情况的不同,向当地人才流动机构分别提交以下有关证件。

(1) 应聘到外地工作的,须提交委托人事代理申请、身份证复印件、聘用合同复印件、聘用单位证明信等。

(2) 自费出国留学的人员,须提交委托人事代理申请、原单位同意由人才流动机构保存人事关系的函件、出国的有关材料等。

(3) 辞职、解聘人员尚未落实单位的,须提交委托人事代理申请,辞职、解聘证明,身份证复印件等。

第二,代理方对委托方申报的材料进行审核。

第三,委托方与代理方签订人事代理合同。

第四,代理方向有关方面索取人事档案及行政、工资、组织关系等材料,并办理有关手续。

第五,人事代理当事人的权利和义务,由双方以协议的形式予以明确,共同遵守。

人事代理制度有助于实现人事自主权,促进人才所有权和使用权的分离,促进了人才资源的社会化和选择职业的自由,对于保障大学生和用人单位的合法权益发挥着重要的作用。

第二节 大学生就业相关法律法规

一、《劳动法》

(一)《劳动法》的概念

《劳动法》是指以维护劳动者的合法权益(既包括生存利益,也包括人格利益)为目的,调整用人单位和劳动者之间、政府与用人单位之间、政府和劳动者之间为实现和保障社会劳动过程而产生的权利义务关系的法律规范的总和。

(1)"以维护劳动者的合法权益(既包括生存利益,也包括人格利益)为目的",反映了《劳动法》的本质属性,它同时也是设立《劳动法》的根本出发点。从《劳动法》发展历史来看,现代劳动立法是由从前资本主义的"劳工立法"以及资本主义早期民事法规范的"雇佣契约"演变而来的,它对事实上不平等的劳资关系设立基准法,明确用人单位的义务和政府在其中的责任,将劳动者的利益视为一种社会利益,来达到保护劳动者的目的。

(2)明确了《劳动法》调整的对象为"用人单位和劳动者之间、政府与用人单位之间、政府和劳动者之间"的权利义务关系。这种关系是一个复合体,由一个平等主体关系(即劳动者和用人单位之间形成的劳动关系)和两个不平等主体关系(即政府和用人单位之间形成的劳动监察关系、政府和劳动者之间形成的促进就业与职业保障关系)构成。

(3)"为实现和保障社会劳动过程而产生的权利义务关系"显示《劳动法》调整的社会关系是一个动态的劳动关系,是劳动者和用人单位之间,为实现具体劳动过程而发生的一方有偿提供劳动力与另一方提供的生产资料相结合而形成的社会关系;是政府与用人单位和劳动者之间,为实现整个社会集体劳动过程而发生的一方提供服务、政策、立法、监督、管理、保障与另外两方权利义务履行过程相结合而形成的社会关系。而以往概念揭示的劳动关系则是一个静止的对象。

（4）《劳动法》兼有公法和私法的特点。上述所提平等主体之间的关系，主要体现为一种劳动合同关系，它属于私法的范畴；两个不平等主体之间的关系，即体现为劳动行政管理与法律监督关系，亦即政府为促进实现社会劳动过程对平等主体之间所采取的调控、管理、服务、监督、立法、政策等行为，都属于公法的范畴。

（二）《劳动法》的特征

《中华人民共和国劳动法》（以下简称《劳动法》）是计划经济向市场经济转轨过程的产物，是经济体制改革和劳动体制改革的结晶。它立法宗旨明确、内容全面、重点突出、体系科学、可操作性强，是一部具有中国特色的适应社会主义市场经济体制需要的《劳动法》，是我国劳动立法上的一个重要里程碑。它的特征包括以下几方面。

（1）它是一部既反映市场经济条件下劳动关系的一般规律，又体现社会主义劳动关系特征的劳动基本法。

（2）它是一部既全面保护劳动者合法权益，又规定劳动者履行义务、维护用人单位合法权益的劳动基本法。

（3）它是一部融实体法、程序法为一体的劳动基本法。

（4）它是一部既具有中国特色，又与国际劳工公约相衔接的劳动基本法。

二、《教育部关于做好2015年全国普通高等学校毕业生就业创业工作的通知》

高校毕业生就业创业工作是教育领域重要的民生工程，党中央、国务院高度重视，明确要求强化就业创业服务体系建设，提升大学生就业创业比例。2015年宏观就业形势面临多重压力，高校毕业生规模进一步加大，就业创业工作任务十分艰巨。为贯彻落实党的十八大和十八届三中、四中全会精神，全力做好2015年高校毕业生就业创业工作，现就有关事项通知如下。

（一）全面推进创新创业教育和自主创业工作

各地各高校要把创新创业教育作为推进高等教育综合改革的重要抓手，将创新创业教育贯穿人才培养全过程，面向全体大学生开发开设创新创业教育专门课程，纳入学分管理，改进教学方法，增强实际效果。坚持理论与实践相结合，组织学生参加各类创新创业竞赛、创业模拟等实践活动，着力培养学生创新精神、创业意识和创新创业能力。高校要建立弹性学制，允许在校学生休学创业。高校要聘请创业成功者、企业家、投资人、专家学者等担任兼职导师，对创新创业学生进行一对一指导。

要加大对大学生自主创业资金支持力度，多渠道筹集资金，广泛吸引金融机构、社会组织、行业协会和企事业单位为大学生自主创业提供资金支持。建设一批大学生创业示范基地，继续推动大学科技园、创业园、创业孵化基地和实习实践基地建设，高校应开辟专门场地用于学生创新创业实践活动，教育部工程研究中心、各类实验室、教学仪器设备等原则上都要向学生开放。实施好新一轮大学生创业引领计划，落实创业培训、工商登记、融资服务、税收减免等各项优惠政策，鼓励扶持开设网店等多种创业形态。完善大学生创业服务网功能，提供项目对接、政策解读和在线咨询等服务。

（二）大力引导高校毕业生到基层就业

各地各高校要进一步健全鼓励毕业生到基层就业的服务保障机制，落实和完善学费补偿和助学贷款代偿、后续升学和就业服务等政策。要会同有关部门继续组织实施好"农村教师特岗计划""西部计划""大学生村官""三支一扶"等各类基层服务项目，通过定期走访、跟踪培养等方式关心毕业生的工作、成长和发展。主动配合政法部门,研究制订健全从政法专业毕业生中招录人才的规范便捷机制的具体办法,促进政法专业毕业生就业。

积极会同有关部门加大政府购买力度,开发更多基层公共管理和社会服务岗位吸纳毕业生就业。推进高校与二三线城市战略性合作,持续开展二三线城市面向毕业生的专场招聘活动,努力为区域经济社会发展提供人才和智力支持。进一步创造条件,引导毕业生到城乡基层、中西部地区、艰苦边远地区和中小微企业就业,会同有关部门抓好吸纳毕业生就业的社保补贴、培训补贴、税费减免、毕业生落户、人事档案管理等政策的落实,支持更多毕业生到基层建功立业。

要继续做好大学生征兵工作,巩固近年来大学生征兵工作成果,完善大学生入伍政策体系和长效机制。与兵役部门密切配合,建立定期会商机制,提早部署2015年大学生征兵工作。创新宣传发动方式,办好"入伍政策网上咨询周""征兵宣传月"等活动,形成良好舆论氛围。开设大学生入伍绿色通道,在暑假前完成体检、政审和预定兵员工作。进一步完善和落实学费补偿贷款代偿学费减免、退役后复学升学、就业创业等政策,鼓励更多大学生投身军营、报效国家。

(三)强化就业指导服务

各地各高校要建立健全职业发展和就业指导服务体系。加强就业指导课程和学科建设,要结合当前经济发展新业态和新常态,及时将学科专业动态和行业发展成果融入课堂教学,提高课堂教学的参与度和吸引力。深入开展个性化辅导与咨询,帮助毕业生合理确立职业目标,及时疏导毕业生求职过程中的焦虑、依赖等心理问题,增强其应对竞争及挫折的抗压能力。积极组织职业规划大赛、职业体验项目等课外活动,充分发挥就业实践活动的带动作用,进一步提高就业指导的覆盖面和实效性。

要充分发挥校园就业市场的主渠道和基础性作用,深入挖掘岗位,积极组织多种形式的校园招聘活动,确保招聘活动场次、岗位数量进一步增加,信息质量进一步提高。深入推进就业信息网建设,充分运用"全国大学生就业信息服务一体化系统",实现招聘活动联合联动、招聘信息有效共享。结合国家新推出的"一带一路""互联互通"和亚太自由贸易区等重大战略,探索毕业生就业创业的新渠道、新形态。进一步加强对招聘活动的规范管理和招聘信息审核,教育行政部门和高校组织的招聘活动要严格执行"三严禁",切实营造公平就业环境。充分利用"全国高校毕业生就业管理与监测系统",及时更新、按时报送高校毕业生就业信息,严禁任何形式的就业率造假。

要进一步加大对就业困难毕业生的帮扶力度,准确掌握家庭困难毕业生、少数民族毕业生、女性毕业生、残疾毕业生等各类困难群体的具体情况,指定专人负责,实行"一生一策"动态管理、精准帮扶。认真做好低保家庭毕业生的求职补贴发放工作,有条件的地方应将享受国家助学贷款毕业生纳入求职补贴对象范围。要针对困难毕业生的不同特点和需求,通过举办专场招聘活动、技能培训、岗位推荐等多种方式,帮助他们实现就业。对离校未就业毕业生持续提供就业信息和服务,会同有关部门实施好"离校未就业促进计划",切实做到"离校不离心、服务不断线"。

(四)进一步加强思想教育和政策宣传

各地各高校要把思想教育作为促进就业创业的先导性工作,积极组织毕业生深入学习领会习近平总书记系列重要讲话和给毕业生的回信精神,着力培育和践行社会主义核心价值观,引导毕业生把个人梦想融入中国梦的伟大实践,主动到国家需要的地方建功立业。要结合青年学生特点,组织引导毕业生深入城乡基层和生产一线实习实践,促进他们知国情、接地气、转观念、长才干。要通过优秀校友讲体会、专家学者讲形势、创业典型讲经验等多种形式,帮助毕业生调整就业预期,规划职业生涯,积极主动就业创业。

第十一章 知己知彼为护航——求职就业法律法规

要高度重视高校毕业生就业创业政策宣传,建立教育部门、高校、院系、班级四级联动的政策宣传网络,努力让每一位毕业生都知晓、用好政策。要充分利用微博、微信、手机报等新媒体,使用海报、图表等毕业生喜闻乐见的方式,及时宣传解读国家出台的促进就业创业的政策措施。要根据毕业生的就业意向和求职需求,分时段、分类别推送基层就业、自主创业、参军入伍、困难帮扶等政策措施,提高政策宣传的针对性和有效性。

(五)推动高等教育更好地适应经济社会发展需要

各地各高校要以提高质量为核心,结构调整为突破,加快推进高等教育综合改革,进一步优化区域布局结构、培养层次结构和学科专业结构。引导一批普通本科高校向应用技术型高校转型发展,继续扩大专业学位研究生类型和规模。完善专业预警、退出和动态调整机制,及时调减就业率持续较低的专业招生计划,使学科专业结构与经济社会发展需要相适应、与就业对接。探索建立高校毕业生就业和重点产业人才供需协调机制,推进校地合作、校产联合、校企对接,构建高校与有关部门、科研院所、行业企业协同育人机制。推动大学生参加形式多样的实习实训、社会实践和志愿活动,增强就业创业能力。

要进一步健全高校毕业生就业质量年度报告制度,完善报告内容和发布方式,9月份发布高校毕业生就业状况,12月底面向社会发布高校毕业生就业质量年度报告。加强毕业生就业创业与职业发展状况跟踪调查,完善就业质量评价指标体系,把大学生创新创业能力、就业创业状况作为高校评估重要内容。建立和完善就业与招生计划、人才培养、经费拨款、院校设置、专业调整的联动机制,建立健全激励和约束机制,推动高校不断优化人才培养结构,提高培养质量,实现特色发展。

(六)加强就业创业工作组织领导

各地各高校要继续把高校毕业生就业创业工作摆在重要位

置,加强组织领导,健全责任制度,明确任务分工,统筹推进工作。要创新服务方式和手段,加强督促检查和分类指导,及时研究解决工作中出现的新情况、新问题。要结合本地本校实际,切实加大就业创业资金投入力度,制订出台更加有力的政策措施,确保完成就业工作目标任务。

各高校要深入实施就业创业工作"一把手"工程,主要负责同志亲自抓,分管负责同志具体抓,形成就业、招生、教学、学生工作等部门联动工作机制。要进一步加强就业创业工作保障,切实做到"机构、人员、场地、经费"四到位,重点建设一批示范性就业指导机构。要把就业指导教师专业技术职务评聘工作落到实处,进一步推进就业创业指导教师专业化、专家化。进一步优化就业服务流程,简化相关环节和手续,为毕业生就业创业提供高效便捷的服务,确保毕业生文明有序离校。

第三节　就业协议和劳动合同

一、就业协议书

就业协议书是由毕业生、用人单位、学校三方签订的明确三方在就业择业过程中的权利义务关系的书面协议。它是用人单位确认毕业生相关信息真实可靠并接收毕业生的重要凭据,也是高校进行毕业生就业管理、编制就业方案以及毕业生办理就业落户手续等有关事项的重要依据。就业协议书一般由国家教育部或各省、市、自治区就业主管部门统一制表。

(一)就业协议书的主要内容

就业协议书主要包括以下内容。

(1)高校毕业生的基本情况,包括:姓名、性别、身份证号、专业、学制、毕业时间、学历、联系方式等。

（2）用人单位的基本情况，包括：单位名称、组织机构代码、单位性质、联系人及联系方式、档案接收地等。

（3）高校毕业生和用人单位约定的有关内容，可包括：工作地点及工作岗位，户口迁入地，违约责任，协议自动失效条款、协议终止条款，双方约定的其他事宜。

（4）各方应严格履行协议，任何一方若违反协议，应承担违约责任。

（5）其他补充协议。

（二）签订就业协议书的原则

就业对绝大多数的应届毕业生来说，是人生道路上的第一次职业抉择，为了更好地维护自己的合法权益，在与用人单位签订就业协议书时，一定要按照原则办事。当事人在签订就业协议书时必须遵循以下两项原则。

1. 平等协商原则

签订就业协议书的三方具有平等的法律地位，任何一方都不能将自己的意志强加给另一方。学校不能采用行政手段要求毕业生到自己指定的单位就业（不包括有特殊情况的毕业生），用人单位不能在签订就业协议书时要求毕业生缴纳过高数额的风险金、保证金等。

毕业生、用人单位、学校三方的权利与义务一致。除了协议书规定的内容以外，三方如果有其他需要约定的事项，可以在协议的"备注"一栏内加以补充说明。

2. 主体合法的原则

签订就业协议书的当事人必须具备合法的主体资格。对毕业生来说，是指必须取得毕业资格，如果学生在派遣的时候还没有取得毕业资格，用人单位可以不予接收而且不需要承担任何法律责任；对用人单位来说，是指必须具备从事各项经营或管理活动的能力，应该有录用毕业生计划和录用自主权，否则毕业生有权解除协议，并且无须承担违约责任；对高校来说，是指根据用人单位的要求如实地介绍毕业生的在校表现，并如实地将自己所掌握的用人单位信息发布给毕业生。

（三）签订就业协议书的程序

就业协议书的签订是毕业生和用人单位在供需见面、双向选择后达成一致意见的结果。就业协议书的签订一般要经过以下几个程序。

（1）毕业生本人在协议书上以文字的形式签署自己同意到选定单位工作的意见，同时签署本人的姓名。

（2）用人单位在协议书上签署同意接收该毕业生的文字意见，并签名盖章，同时在协议书上注明可以接收毕业生档案的名称和地址。如果用人单位没有人事决定权，则需要报上级主管部门批准盖章。

（3）用人单位或毕业生将协议书送到学校毕业生就业工作部门。

（4）毕业生所在的院（系）和学校毕业生就业部门对就业协议书签署意见并签字盖章，然后再及时将协议书反馈给双方的当事人。

（四）签订就业协议书时应注意的问题

就业协议书明确了当事人在就业过程中的权利和义务，并且涉及毕业生的切身利益，因此具有法律约束力。毕业生在签订就业协议书时应该特别注意以下几个问题。

1. 确认用人单位的主体资格

签订就业协议书的当事人是否具有合法的主体资格是协议书是否具有法律效力的前提。用人单位不管是机关、事业单位还是企业,都必须要具有录用毕业生的自主权。如果其本身不具备录用的自主权,就必须经过具有录用权力的上级主管部门批准同意。因此,毕业生签约前,一定要先审查用人单位的主体资格。

2. 注意与劳动合同的衔接

现行的毕业生就业协议书属于"格式合同",但"备注"部分允许三方根据实际情况约定相应的权利和义务。因此,毕业生可以充分利用"备注"的合法空间及相关规定来进行自我保护。

由于就业协议书签订在先,因此为了避免到就业单位签订劳动合同的时候发生争议,毕业生应该提前与用人单位协商服务期限、试用期、工作岗位和工作内容、劳动保护和工作条件、工作报酬、福利待遇等,在就业协议书的备注中写明,并约定就业时签署的劳动合同应同时包括这些内容,以此来保证毕业生就业前签订的就业协议书与就业时签订的劳动合同相衔接。

3. 事先约定解除就业协议书的条件

毕业生就业协议书一旦经过订立,就对当事人具有了约束力,一方不得随意解除,否则应该承担违约责任。如果毕业生因为专升本、出国等情况而不能够履行协议,可以与用人单位在就业协议书中就解约的条件作出约定。约定条件一旦成立,毕业生就可以依照约定解除协议,而且无须承担违约责任,避免产生经济损失或者其他的争议。

4. 明确违约责任

违约责任是指协议当事人因过错而不履行或不完全履行协议规定的义务时所应该承担的法律责任。它是保证协议履行的有效手段。在协议内容中,应该详细表述当事人双方的违约情形及违约后应当承担的责任,与此同时还应该写明当事人违约后通过哪种方式、途径来承担。只有这样,才能更有利于当事人双方履行协议,也有利于以后违约时解决纠纷。

5. 认真审查协议书的内容

毕业生要审查协议书的内容是否合法，是否符合国家相关法律和政策的规定；要审查双方的权利和义务是否合理；要审查清楚除主协议外是否还有附件（需要补充的协议），并且要审查附件内容。

如果对协议书上必要的条款进行变更或者增减，毕业生可以同用人单位进行协商，就原协议书中未能体现的具体权利和义务通过补充协议的形式表达出来，并在协议书的"备注"栏中加以说明，但所涉及的内容一定要具体、明确，不能产生歧义。在此必须指出的是，补充协议和主协议书具有同等的法律效力。

6. 按规定程序签订就业协议书

就业协议书的签约形式要合法，要注意完整地履行手续。首先，毕业生要签名并写清楚签字的时间；其次，用人单位及其上级主管部门必须加盖单位公章并注明时间，个人签字无效；最后，把就业协议书交学校毕业生就业工作部门签字盖章，列入毕业生就业档案。

按照规定的程序签约，有利于保护毕业生和用人单位的合法权益，避免因为一方在另一方不知情的情况下增加有损对方利益的其他条款和内容。

（五）就业协议书的解除

就业协议书的解除分为单方解除和三方解除两种。

1. 单方解除

单方解除包括单方擅自解除和单方依法或者依协议解除。其中，前者属于违约行为，解约方应该对另两方承担违约责任；后者是指一方解除就业协议书有法律上或协议上的依据，不属于违约行为。

2. 三方解除

三方解除是指毕业生、用人单位、学校三方经过协商一致同意废除已签订的协议，使协议失去法律效力。此类解除三方当事人一致表示同意，任何一方均不承担法律责任。三方解除应该在就业计划上报主管部门之前进行，如果就业派遣计划已经下达，还应该经过主管部门的批准办理调整改派手续。

二、劳动合同

劳动合同是指劳动者与用人单位确立劳动关系、明确双方权利和义务的协议。签订劳动合同是为了能够在法律上确立劳动者与用人单位之间的劳动关系，将双方的有关权利、义务通过书面合同的形式确立下来，并使之特定化、具体化，从而更好地维护劳动者和用人单位的合法权益。

（一）劳动合同的基本内容

根据《劳动合同法》的规定，劳动合同应当具备以下条款。
（1）用人单位的名称、住所和法定代表人或者主要负责人。
（2）劳动者的姓名、住址和居民身份证或者其他有效身份证件号码。
（3）劳动合同期限。
（4）工作内容和工作地点。
（5）工作时间和休息休假。
（6）劳动报酬。
（7）社会保险。
（8）劳动保护、劳动条件和职业危害防护。
（9）法律、法规规定应当纳入劳动合同的其他事项。
劳动合同除前款规定的必备条款外，用人单位与劳动者可以约定试用期、培训、保守秘密、补充保险和福利待遇等其他事项。

（二）签订劳动合同时应注意的问题

签订劳动合同有许多学问，最主要的是要注意以下几个方面，以便切实地维护自己在劳动过程中的合法权益。

1. 要签订书面合同

《劳动合同法》第十条规定"建立劳动关系，应当订立书面劳动合同"。无论是什么原因，不签订劳动合同就是对劳动者不负责任的行为。劳动者有权要求用人单位与之签订书面合同，并且要将合同自己保留一份。只有这样，才能够在发生劳动纠纷、争议的时候，找到事实依据。

2. 试用期也要签订劳动合同

劳动合同约定的试用期是包括在劳动合同期限之内的，并且最长不能超过6个月。那种先试用后签订劳动合同或者单独约定试用期的劳动合同都是违反《劳动合同法》规定的。

3. 抵制各种不正当收费

在签订劳动合同的同时缴纳抵押金、风险金等做法都是不合法的行为，并且任何形式的收费都是不合法的。已经缴纳过的，可随时要求用人单位返还。

4. 完整理解格式合同的内容

为了提高签约效率和节省签约劳动量，实践中较为常见的是用人单位事先拟订好劳动合同，由劳动者作出是否签约的决定，劳动合同的内容不允许修改，这就是常说的签订格式合同。劳动者在签订格式合同时要注意完全理解格式合同的条款内容，并对其中的不合理部分提出异议。

5. 英文合同要慎签

不少外资企业特别是外资独资企业，要求员工签订英文合同。由于劳动合同是一种严肃的法律文件，一两个字词解释上的歧义都可能会产生意想不到的麻烦。大学毕业生在驾驭英文的能力上还远没有达到如此水平，而且中英文字词在使用习惯上也存在着差异，所以毕业生在签订英文合同时一定要慎重。

6. 避免合同陷阱

毕业生在签订劳动合同时，要注意避免以下合同陷阱。

（1）试用期陷阱。将试用期从劳动合同期限中剥离；要求毕业生在试用期内承担违约责任；试用期内单位不缴纳社会保险。

（2）职位陷阱。招聘职位与实际工作职位不一致。

（3）承诺陷阱。如工资不兑现等。

（4）合同细节陷阱。口头合同，空口无凭；模糊合同；卖身合同，一切服从；暗箱合同，个人先签，用人单位再加条款；收藏合同，合同全部收归用人单位；违规合同；抵押合同，先交押金；生死合同，工伤概不负责等。

第四节　大学生常见就业陷阱与防范

一、就业陷阱概述

就业陷阱是指招聘单位、其他机构或个人，利用大学生的弱势地位（如社会经验不足、自我保护意识差、就业竞争激烈等），以提供就业机会为诱因，采用违法悖德的手段，与大学生达成权利与义务不对等的各类就业意向（协议），以期侵害大学生合法权益的现象。

二、大学生遭遇就业陷阱的主要类型

（一）招聘陷阱

其一是招聘会不合法。有些双选会打着毕业生就业的名义，实质是未经有关主管单位的审批。参加双选会的单位也良莠不齐，出工不出力，只为凑数，以便主办单位收取高价门票，参加双选会的人员公费旅游，招聘单位收取一些毕业生的信息。有些招聘单位甚至出卖学生的个人信息，给一些违法之徒以可乘之机。其二是变相收费。如有些招聘单位不当场签约，要求通过网络或电话继续洽谈，而这些网络或电话都是收费的；有些招聘单位收取应聘者报名费、资料费或培训费等。其三是用招聘掩盖违法行为。有些企业打着招聘的幌子，逼迫毕业生做传销、推销或其他违法的事情。

（二）中介陷阱

一是收取高额的中介费用，为你列出一大堆要么不要人，要么不招收大学生，甚至不存在的单位，使你几次头撞南墙，知难而返。但想要回中介费——难！第二种是外地非法中介机构或中介网络，收取一定的费用，却以种种理由推脱责任。有些虽然介绍了单位，但用人单位的状况与求职者的要求相去甚远，即便如此，工作几个月，往往被炒鱿鱼，理由是试用不合格。第三种是非法中介机构之间相互串通，以大城市高薪就业落户等名义开展中介业务，收取不菲的中介费后，介绍到外地中介。外地中介找不法用人单位或私人小企业让大学生打零工，而户口、档案却长期违法滞留，甚至被丢失。

（三）合同陷阱

第一种为口头承诺。口头承诺如果没有在协议书中白纸黑字予以体现，就没有法律约束力。一旦协议主体间发生矛盾，吃亏的一般都是学生。所以,签订合同必须把双方的约定以文字形式记录下来。第二种是不平等协议。由于大学生维权意识缺乏,在求职中又处于弱势地位,对不平等条款要么不知情,要么不敢提出异议,使就业协议在某种程度上成为"霸王合同"。所以大学生在签订合同时,一定要慎防无保障合同、生死合同、卖身合同等不平等合同。第三种是就业协议代替了劳动合同。有些用人单位以就业协议替代劳动合同,究其原因,是用人单位在就业协议中的许多约定不符合劳动法规定,如果签订劳动合同,许多不合法约定将不存在,难以实现对大学生的约束,不能达到其违法用工的目的。

(四)试用期陷阱

一是没有试用期可能暗藏玄机。试用期是劳动合同的约定条款,对双方都有约束力,试用期长短或有无由双方依法在劳动合同中约定。某些用人单位规定大学生报到就签订劳动合同,马上上岗工作。可当大学生感到单位各方面情况不尽如人意,想要另谋高就时,才发现自己在"无意"间放弃了试用期这一有利的武器,丧失了自己本该拥有的权利。在这种情况下,如果要单方面解除合同,无疑要承担惨痛的代价。二是试用期或见习期过长。原劳动部在1996年全面实行劳动合同制时规定,大中专、技校毕业生新分配到用人单位工作的,仍应按原规定执行一年的见习制度,见习期内可以约定不超过半年的试用期。由于法律法规对见习期内的权利义务没有具体规定,在大学生就业中,违规违法现象主要表现为见习期与试用期的总期限超过一年,有的甚至长达两年;有些单位以见习期的名义不签合同,且借故延长见习期;有些单位签的是劳动合同,书写的却为见习期。诸如此类的现象屡见不鲜,应当引起大学生的高度重视。

(五)培训陷阱

在大学生就业中,常常会看到一些培训机构混迹其中,不断给大学生介绍"高薪就业""保证就业"之类的机遇,殊不知其中陷阱重重。其一,收了培训费仍然无工作。有些培训机构以"高薪就业""保证就业"的名义引诱大学生交了培训费,但培训结束后,却以种种理由不给安排就业。其二,培训机构与用人单位联手坑害大学生。大学生交了昂贵的培训费后,被推荐到一些位置偏僻、层次较低的企业,无人问津的低薪岗位,甚至在试用期就被借故辞退。其三,用人单位的培训陷阱。有些用人单位要求新进大学生必须经过某某机构培训,考核合格才能录用。于是花费不少的大学生经过培训,考核过关者却寥寥无几。即使如此,被录用者也难逃厄运,工作刚满见习期或试用期即被以各种理由辞退。其四,因为培训而失去自由。常言道"没有梧桐树,难留金凤凰;栽好梧桐树,招来金凤凰",可一些没有梧桐树的用人单位自有"妙法"留人。那就是单位出钱培训上岗,"买走"大学生的"自由"。这些用人单位在大学生上岗前提出,单位出资送大学生到某培训机构进行所谓的培训,并且签订培训上岗协议或劳动合同,规定所有经过培训合格人员,才能准予上岗,且要签订长期劳动合同,少服务一年,必须缴纳数目不菲的违约金,有些单位甚至扣押大学生的证件。

(六)保证金、押金陷阱

按照国家有关法律规定,严禁招聘单位在大学生就业中收取费用,包括资料费、培训费、保证金、押金等。可在招聘中,大学生还是经常碰到各种巧立名目的费用。大学生一方面求职心切,另一方面缺乏相应的法律知识和保护意识,所以经常陷入此类陷阱。

(七)安全陷阱

大学生就业存在的种种问题,给一些不法之徒提供了可乘之机。他们常常精心策划,坑蒙拐骗盗无所不用,大学生稍不留神就会受其所害。

（1）索要各种证件、签名、盖章。如果大学生在招聘中留下重要证据之类的东西，就可能成为欠费、欠税、担保人等各种形式的债务人，也可能成为敲诈勒索的对象。

（2）索要办证费、资料费、报名费、劳保费、保险费等名目繁多的收费。只要大学生切记，无论对方怎么巧舌如簧，没赚钱决不花钱，他们的如意算盘就会落空。

（3）谨防偷盗抢劫。首先，对陌生的人、陌生的地点与可疑时间的面试，一定要谨慎小心，很可能各个环节都陷阱重重，令你防不胜防。其次，谨防将手机、钥匙交给对方，也不要随便吃喝对方提供的食物饮料，否则可能瞬间一无所有。再之，谨防诈骗。如果对方为掌握你的全面情况无休止面试，你可能已经处于危险的境地。要么设下小圈套让你闯祸，然后高价索赔；要么你的家人朋友可能接到你车祸、病危一类的通知，于是匆匆将钱转入了不法之徒的账号。

（4）谨防非法工作。工作性质不清，任务不明，遮遮掩掩、行动诡秘，这时就要非常留心，可能已沦为不法之徒的帮凶。可能正从事涉毒、偷运、销赃、窝赃、传销等非法工作。一旦事情败露，违法者全无踪影，而你成了替罪羊。

（5）女大学生安全第一。不法之徒更易选中女大学生，是因为她们就业更难，易于诱骗，而且防卫能力差，胆小怕事，易于掌控。女大学生在就业中稍不留神，可能会落入不法之徒、不良企业的陷阱中，轻则被劫财劫色，一无所有，更可怕的是陷入色情、传销业或被拐卖，反抗者甚至遭暴力相向，失去生命。所以，女大学生就业一定要将安全放在第一位，思想上切不可麻痹大意，贪图钱财与享受，以免被引诱；行动上一定要细思慎想，以防掉入陷阱；具体过程中要步步为营，以杜绝授人把柄。

三、防范就业陷阱

大学生在找工作过程中一定要提高警惕，注意规避上述就业陷阱。具体来说，可以采取以下措施。

（1）搜寻招聘信息时要力求准确真实，有条件的情况下，可实地调查或请求亲朋好友、同学、老师提供单位情况。

（2）若仅仅只有电话面试或者面试地点过于偏僻、面试时间过晚以及面试场所过于简陋，都需要提高警惕，必要时应与同学结伴去面试，发现情形不对立即报警。毕业生还应把自己辅导员或同学的电话留给父母，并提醒家长，接到陌生人如"您的孩子受伤住院了，需立刻给某某账号汇钱"之类的求助电话，一定要与学院辅导员老师联系核实。

（3）异地面试前应该先去学院向辅导员请假，并征求辅导员老师意见。

（4）应聘时要了解清楚招聘职位的要求、完整的录用条件。

（5）应聘完后，到招人单位了解在岗人员待遇、工作性质等是否与招聘宣传相符。

（6）与用工单位签订就业协议书，中间应包含对双方权、责、利等的相关规定；对一些远期承诺，也应写进协议中。

（7）试用一段时间，如被告知不符合录用条件时，要及时要求单位人事部门拿出证明本人不符合录用条件的证据。

（8）发现用人单位侵犯自身权益，可向劳动仲裁部门或工商执法部门投诉。

第十二章 理性选择闯职场
——科学选择职业生涯

在竞争越来越激烈的就业背景下,大学毕业生的就业形势愈加严峻,大学生的就业机会看似不少,但其就业实质上处于高不成低不就的尴尬局面,其就业的不稳定性、就业质量不高也是不争的事实。在这种形势下如何引导大学生科学规划职业生涯,从而提升学生终身发展的能力显得尤其重要。

第一节 决策理论模型

国内外许多学者经过深入研究,提出了职业决策的理论与模型思想。职业决策的理论与模型思想的出现,既受经典的统计决策理论的影响,也受经济决策理论和心理决策理论的影响。虽然这三种理论各不相同,但也有相通之处,即都强调概率与价值。研究职业决策的学者们试图回答以下几个问题:职业决策是何时做出的、应该如何做职业决策、如何帮助决策者做职业决策。由于职业决策本身异常复杂,加之不同学者所持立场不同,职业决策的理论与模型呈现出多元化的特点,本书将重点介绍应用最为广泛的生涯决定理论、认知信息加工过程理论、社会学习理论和 PIC 模型。

一、职业决策理论与模型的发展演变

早在1909年,帕森斯就提倡用科学的方法来研究职业决策问题,并提出了职业决策的第一个正式模型。早期的职业生涯决策理论多是从某一方面入手来揭示职业选择中的共同规律。以帕森斯的特质因素论和霍兰德的人格类型理论为代表的人职匹配理论就是这一阶段的主导理论。它们突出强调职业决策中的人职匹配,没有从整体上对职业决策进行研究,很少考虑家庭、社会环境经济形势、就业状况等制约因素,对心理与社会经济因素的冲突缺乏思考。

后来,人们开始综合考虑心理、社会、经济等因素,更加关注职业生涯决策的整个过程,承认职业生涯决策过程的非理性成分。这些理论所描述的职业决策模型,可以分为两种基本类型,即理性选择模型和非理性选择模型。理性模型把明智的决策者看作一个"客观的科学家",是系统的、独立的和理智的,能确保个体获得最终目标的最大化,强调个体决策。而非理性模型则认为决策过程充满了模糊性和不确定性,强调决策过程中环境因素的作用,把对个体有意义的环境因素考虑在内。随着对职业决策研究的深入,出现了泰德曼的生涯决定理论、格特弗兰德森的职业抱负理论、克鲁姆伯尔茨的社会学习理论、克内菲尔坎姆和斯列皮兹的认知发展理论、金兹伯格和舒伯的生涯发展理论等一批有关职业生涯发展与决策的理论。

二、几种有代表性的职业决策理论与模型

(一)生涯决定理论

虽然帕森斯的理论得到了许多学者的肯定和认同,但是该理论对职业决策过程,对个体如何充分地、精确地收集和处理信息的过程描述过少。为了弥补这一不足,泰德曼提出了他的生涯决

定理论,即泰德曼模型。他注重描述职业决策历程,并特别强调个人生涯抉择的复杂性与独特性。泰德曼的生涯决定理论包括以下几部分内容。

1. 职业生涯决策是一个完整的过程

泰德曼将其分为两个阶段、七个步骤。第一个阶段是预期阶段,该阶段又可分为四个步骤:①探索,即对不同的选择方向及可能目标进行认真分析和思考;②具体化,即经过对各种选择方向或可能目标的优缺点进行分析斟酌,确定几种备选方案;③抉择,即选定一个可以消除眼下所受困扰的方案;④明确化,即对选择的方案进行进一步检验。第二个阶段是履行和调整阶段,该阶段包括三个步骤:①定向,即开始执行自己的选择,也是新经验的开始,在新的环境中,争取得到他人的接纳;②转化,即调整步伐与心态,专心致志,肯定在新环境中的角色,全力以赴;③整合,即个人的信念与集体的信念达到平衡与妥协。其中,第一个阶段的主要任务是做出职业决策,而第二个阶段则是对第一个阶段决策的实践和检验。

2. 职业决策是与个人的心理发展同时进行的

只有通过系统的问题解决,以个体的整体认知能力为基础,把个体的独特性与职业世界的独特性结合在一起,才能做出合理的职业决策。

3. 对于决策结果的合理性判断,要突出现实性标准

所谓决策的合理性是指决策结果符合现实的程度。他认为现实可以区分为个人现实与集体现实。个人现实是一种感觉,使决策者觉得自己所做的决定是对的、恰当的,其过程是朝着符合自己需要的方向发展的。集体现实是指别人认为决策者该怎么做,包括专家的意见和其他重要人物的意见。根据集体现实做出的决定也许别人都会满意,但是当事人却不一定会满意。

(二)认知信息加工过程理论

认知信息加工过程理论是由皮特森、萨姆森和瑞顿提出的。该理论吸收了认知行为干预、决策制订策略等方法,提出了认知信息加工金字塔和 CASVE 循环这两个核心观点。

1. 认知信息加工金字塔

认知信息加工过程理论认为,可以通过教给个体必要的职业与生活规划技能,而帮助其成为足智多谋和有责任心的职业问题解决者和职业决策者。有效的问题解决所必需的知识和技能可以被看作一个按等级排列的金字塔(图 12-1),两种基本的知识领域自我知识和职业知识,构成了这个金字塔的底部。金字塔的第二层是决策技能领域,包括了从问题识别到执行决定的程序性知识。拥有大量有关自己和职业选择方面的信息或知识,并且知道如何在决策情景中使用这些信息是很重要的,但这还不足以有效地解决生涯问题。缺失的部分就是元认知技能,即金字塔顶部的内容。金字塔的顶部是执行操作领域,执行操作领域是认知信息加工理论中最独特的部分。执行操作领域中的高级认知加工过程——元认知,具有选择、发动、调整和对监控信息进行贮存与回忆的功能。元认知就是指一个人对自身的决策过程和思维方式的认识,元认知技能就是指个体对自身思维过程进行认识的能力。在对决策过程和思维方式的认识中,我们要掌握自我对话、自我觉察和控制监督三种技能。其中,自我谈话很重要,因为负性的自我陈述严重地限制甚至消减个体决策技能的效能,经常引起慢性的决策犹豫,正性的自我陈述能够激发正性的期望,强化有效的问题解决行为。自我觉察能使个体识别执行加工过程,如是否存在负性的自我谈话、是否需要更多信息、决策过程处于哪个阶段和个体的情感状态如何等。它涵盖了帕森斯提出的明智职业选择的三个过程,即自我知识、职业知识和正确推理。认知信息加工金字塔的三种成分交互作用,是一个和谐的系统。

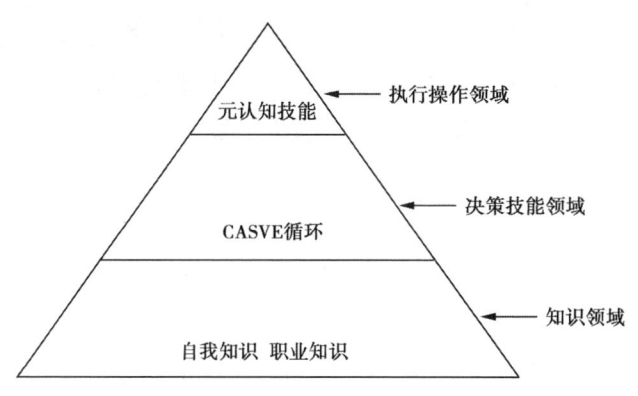

第十二章　理性选择闯职场——科学选择职业生涯

图 12-1　认知信息加工金字塔

2.CASVE 循环

该理论将生涯决定看作生涯发展的关键,并用 CASVE 循环即沟通、分析、综合、评估和执行来表述个体做出决策的过程(图12-2)。通过改进这五种认知信息加工技能,个体可以改善其职业生涯决策的能力。在沟通阶段,个体应该意识到需要做出就业决定,并找出目前状态和理想状态之间的差距。一般来讲,个体必须在恰当的时机对线索做出反应。只有这样,才能抓住最佳机会。在分析阶段,个体需要利用已获取的自我知识和就业选择知识,分析和理解现存状态和理想状态之间的差距,思考在做出重要决策时应使用的典型方法。

因此,自身积极和消极的想法将影响问题的解决和决策过程。实际上,分析阶段本身就是一个循环,个体思考自己所知道的,然后获得信息,然后再思考自己所学到的。在综合阶段,一般需要先扩大然后缩小在职业决策中考虑的就业决定。扩大就业选择有两个方法:一是将曾经考虑过的行业职业和职位列在一张表上;二是使用各种信息资源来帮助产生各种选择。所谓缩小是指保留有助于缩小现存状态和理想状态之间的差距的职位。在评估阶段,个体需要根据综合阶段缩小后的少数几个就业选择进行顺序排列,逐一判断这些职位能不能满足自己的需要,然后选择接受合适的职位。如果这些选择都无法满足自己的需要,个体可以继续搜索潜在的更合适的就业机会。在执行阶段,个体不得不采取行动落实自己的选择,首先要申请这个职位(写简历、求职信、掌握面试技巧等),然后接受这个职位。

然后再回到沟通阶段,这时个体需要检查内部和外部线索,看看最初的就业差距是否已经被成功消除。如果线索表明问题依然存在,就要回到分析阶段,以更好地理解差距,再发展出另一个选择列表。

CASVE 循环法是目前职业决策中最常用的方法之一。深入了解 CASVE 循环法有助于大学生做出正确的决策。

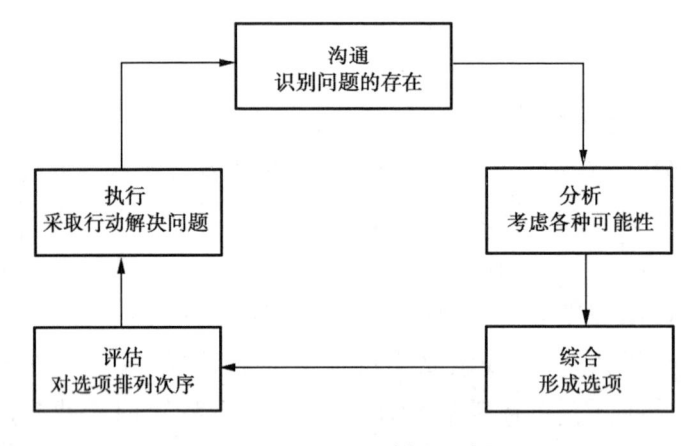

图 12-2 CASVE 循环示意图

（三）PIC 模型

PIC 模型提出于 20 世纪 80 年代末期,后来盖蒂等人对这一模型进行了矫正和修改,最终形成完善的 PIC 模型。PIC 模型的理论基础是方面排除理论,是一种在决策方案之间做出选择的方法。根据该理论的观点,决策方案的选择通常都是多属性的。例如,对选购图书的决策来说,可以根据其价格、内容、纸张、出版社等属性来进行描述。根据方面排除理论的要求,在选择过程的每一阶段,要挑选出某一属性或某一方面,根据其重要性对之做出评价,对不符合决策要求的属性应予以排除,即不在以后的比较选择中加以考虑。应用方面排除理论作选择时,要直到剩下某种未排除的方面或属性时,再做出最后的选择。

理性决策理论认为,我们在进行决策之前应考虑到所有情况,对所有潜在的方案进行研究。实际上,这是不现实的。PIC模型根据不同的目的、过程和结果将职业决策过程分解成三个主要的阶段,"PIC"即是这三个阶段的缩写。Presereening,即排除阶段:职业世界为人们提供了大量的接受教育培训和工作的机会,但我们在对职业做出选择时,可能会感到困惑,为了消除困惑,本阶段的目的就是根据个人偏好,排除那些与个体偏好不兼容的职业,从而得到少量的、可操作的部分"有可能的方案";In-depth exploration,即深度探索阶段:通过对"有可能的方案"的深度探索,产生一些合适的方案,确定一些既有希望又适合个体的职业;Choice of the most suitable alternative,即选择阶段:基于对所有合适方案的评估和比较,挑选最合适的方案。

尽管 PIC 模型作为规范性的职业决策模型有很多优点,但是必须承认该模型纯粹从认知的观点出发来处理职业决策过程,忽略了职业决策过程中的情感因素。大量的研究已经表明,情感对决策有着很大影响。情感不仅对职业决策前的准备状态有影响,对职业决策过程中的每个阶段也都会产生影响。

第二节 生涯决策理论

在进行职业生涯决策教育时,需要对职业生涯决策的相关理论进行分析,这是因为,只有掌握了职业生涯决策的相关理论,才能够在相关理论的指导下进行正确的职业生涯决策。从整体上看,在职业生涯决策理论中,具有重要影响的理论主要是择业动机理论、择业决策理论和社会学习理论。

一、择业动机理论

择业动机理论是美国著名心理学家佛隆提出来的,他在1964年出版的《工作和激励》一书中对员工行为激发程度进行了解释,并由此得到了择业动机理论的公式:$F=V \times E$。在这个公式中,"F为动机强度,是指积极性的激发程度,表明个体为达到一定目标而努力的程度;V为效价,指个体对一定目标重要性的主观评价;E为期望值,指个体对实现目标可能性大小的评估,即目标实现概率"[①]。根据择业动机理论的公式可以看出,个体行为动机的强度取决于效价大小和期望值的高低。效价越大,期望值越高,个体行为动机越强烈。如果效价为零或是负数,说明实现目标对个人没有意义,在这种情况下,即使目标很容易实现,个体也不会去积极地实现目标。如果目标的实现概率为零,那么不管目标的意义有多么重大,个人都不会产生追求目标的动机。

根据择业动机理论,我们可以得知,在进行职业生涯决策时,个体需要经历以下两个阶段。

第一个阶段,确定择业动机。在职业生涯决策中,择业动机表明择业者对目标职业的追求程度,对该目标职业的追求程度越高,其成为决策者最终决策的概率就越大。择业动机的高低取决于职业效价和职业概率的高低。职业效价是指"择业者对某项职业价值的评价,取决于择业者的职业价值观和择业者对某项具体职业的要求,如兴趣、劳动条件、工资、职业声望等的评估"[②]。职业概率是指择业者获得某项职业可能性的大小,它与某项职业的社会需求、择业者的竞争能力、竞争系数和其他随机因素有关。在其他条件一定的情况下,社会需求与职业概率成正比。择业者的竞争能力包括择业者自身的工作能力和求职能力,在其他条件一定的情况下,竞争能力与职业概率成正比。竞争系数是指谋求同

---

① 戴建兵,姬振旗.大学生职业生涯发展规划[M].北京:科学出版社,2010.
② 同上.

一职业的劳动者数量的多少,在其他条件一定的情况下,竞争系数与职业概率成反比。

第二个阶段,对择业动机进行比较,作出职业决策。在这个阶段中,决策者会对几种可以选择的职业进行价值评估和可能性评估,通过纵向和横向的比较之后,最终确定所选职业。

择业动机理论可以帮助职业生涯决策者做出最终的职业选择。需要注意的是,如果择业动机过高,会使决策者处于高度紧张的状态中,影响其正常的认识和思维,进而影响其行为效果。

二、择业决策理论

择业决策理论是由吉列特和杰帕森提出的,该理论特别强调职业决策意识与决策行为在个人职业成熟与发展的整个过程中的重要作用。吉列特和杰帕森认为职业的发展过程,实际上就是不断进行职业生涯选择或解决职业生涯问题的过程。

吉列特和杰帕森对职业生涯决策的过程进行了详细的分析,他们认为职业决策行为是个人以有意识的态度、行动、思考来选择职业并符合社会期望的一种反应。在职业决策行为中,有三个因素是极为重要的,这三个因素分别是做出职业选择的决策者、决策情境(社会期望)以及决策者特性。根据决策过程的特性,吉列特提出了一个"职业生涯决策模式",如图12-3所示。

在吉列特的职业生涯决策模式中,包含三个系统,即预测系统、价值系统、决策系统。所谓预测系统,是指根据客观事实资料(包括职业资料和心理测验资料)对工作成功的可能性所做的预测。要想获得较高的预测效度,决策者就必须要拥有正确完整的资料。所谓价值系统,是指个人内在的价值体系、态度或偏好倾向。该系统将影响个人的职业倾向。所谓决策系统,是指个人进行职业生涯决策的方法。它包括四种策略。第一种是期望策略,采用这种策略所选择的就是个体最想要的结果。第二种是安全策略,采用这种策略所选择的是最可能成功、最保险、最安全的途径。第三种策略是回避策略，采用这种策略可以避免选择最差的、最不良的结果。第四种策略是综合策略，采用这种策略所选择的是既需要而又有可能成功、不会产生坏结果的方案。

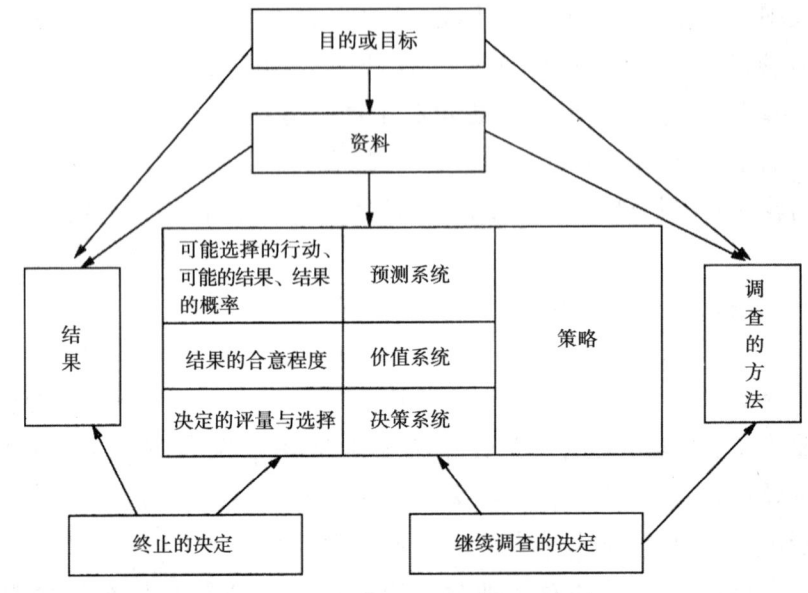

图 12-3 吉列特的职业生涯决策模式

择业决策理论系统分析了个人职业生涯的决策过程，对个人职业选择进行了经济的、社会的与个人的整体研究，所提出的职业生涯决策模式为个体职业选择的操作提供了方向，有重要的实践价值。

三、社会学习理论

社会学习理论是班杜拉所创，该理论强调的是个人独特的学习经验对其人格和行为的影响。约翰·克朗伯兹将该理论与职业生涯决策相结合，分析了在职业生涯决策中，社会、遗传与个人因素对其决策的影响，并提出了以社会学习理论为基础的职业生涯决策模型。

在克朗伯兹的职业生涯决策模型中，对个体职业选择产生影响的主要有以下四个因素。

第一,基因特征,包括种族、性别、外形、身体残疾等,这些可以拓展或限制职业偏好和能力。例如有些人天生就在艺术、体育等方面拥有天赋,在进行职业生涯决策时,这些会影响到个人对职业的选择。一般来说,在某些方面越有天赋,其可塑性就越强。

第二,环境条件。环境条件对职业生涯决策的影响是十分明显的,如劳动法规和行业协会的规定、自然灾害、自然资源的供需情况、技术的新发展等都会影响到职业需求,从而对个人的职业生涯决策产生影响。

第三,过去的学习经验。过去的学习经验将决定职业生涯决策者进行决策时所具备的职业能力与职业素质,另外,这些过去的学习经验也会使职业生涯决策者对将来所从事的职业产生消极或积极的影响。

第四,个人处理新事物、新问题时所形成的技能、绩效标准和价值观。

在克朗伯兹看来,职业选择的核心要素有三个,即自我效能、结果期待和个人目标。另外,职业生涯发展是一个了解自身和选择各种可能性的过程。通过职业生涯决策,个体会加深对自己的了解。

利用社会学习理论来进行职业生涯决策,有助于职业生涯决策者对自己在职业决策和求职时所产生的想法进行梳理,寻找到更适合自己的职业。

第三节 决策方法及体验

要做出正确的职业决策,个体首先要获取大量有关自身和职业选择的信息和知识。但是,仅仅知道如何在决策情景中使用这些信息和知识仍不能做出正确的决策,还需要了解和掌握职业决策的方法和技巧。在职业决策中,最常用的方法与技巧主要有以下三种。

一、SWOT 分析法

在充分认识自我，了解职业和环境之后，还应评估各种因素对自己职业生涯的影响，判断自己的兴趣、爱好、特长、性格、气质与能力等是否适合当前的环境。要进行如此复杂的分析和评估，就需要强大的评估工具，SWOT 分析法是最为常用的一种分析评估方法。

SWOT 分析法是在市场营销管理领域被广泛使用的强大分析工具。它是由旧金山大学的管理学教授于 20 世纪 80 年代初提出来的，主要用来帮助决策者在竞争环境中制订适合企业发展的竞争战略，现在被引入职业生涯决策中。在生涯规划问题上，我们每个人都是自身发展的决策者，SWOT 分析同样可以发挥有效的指导作用。SWOT 分析中的 S 代表 Strength（优势），W 代表 Weakness（弱势），O 代表 Opportunity（机会），T 代表 Treat（威胁），其中 S、W 是内部因素，O、T 是外部因素。通过 SWOT 分析，我们就能很容易地知道自己的优点和弱点在哪里，并且可以详细地评估出自己所感兴趣的不同职业道路的机会和威胁所在。

在运用 SWOT 分析法对职业生涯机会进行评估时，应遵循以下步骤。

（一）分析自己的优缺点

随着社会分工的进一步细化，职业的分类也越来越细，已没有人能成为"百科全书式"的人才，每个人都会有自己突出的优势和才能，也都会有不足和缺点。例如，有的人喜欢与人交往，不希望从事单调的办公室工作，而有的人则不擅长与人交流，喜欢一个人在实验室里做研究工作。

为了分析自己的优点和缺点，可以制作一个表格，列出喜欢做的事情和优点，同时也列出不喜欢做的事情和缺点。需要注意的是，找出缺点与发现优点同等重要，因为在此基础上可以有针对性地进行弥补和提高,也可以放弃那些自己不擅长的职业领域。

(二)找出外部机会和威胁

社会环境时刻在发生变化,在变换的环境中,有些因素是机遇,有些因素则是威胁。当然,不同的行业、职业和职位面临的机遇和威胁也不同。只有准确地找出这些外部因素,才能做出正确的决策。例如,如果选择的行业最近几年不景气,那么它可以提供的工作职位自然比较少,升迁机会也就较少,因此,在进行职业决策时要予以充分考虑;相反,充满了许多积极的外部因素的行业将为求职者提供广阔的职业前景。

(三)构造SWOT矩阵

将分析和调查得出的各种因素,包括自己的优缺点和外部的机会与威胁,根据轻重缓急或影响程度等排序方式,构造SWOT矩阵(图12-4)。在此过程中,将那些对职业发展有直接的、重要的、大量的、迫切的、久远的影响的因素优先排列出来,而将那些间接的、次要的、少许的、不急的、短暂的影响因素排列在后面。

优势: 1. 2. 3. 利用优势和机会的组合	机会: 1. 2. 3. 改进劣势和机会的组合
劣势: 1. 2. 3. 清除劣势和危机的组合	危机: 1. 2. 3. 监视优势和危机的组合

图12-4 SWOT矩阵

（四）制订行动计划

在完成影响因素分析和 SWOT 矩阵的构造后，运用系统分析的方法，把各种因素相互匹配起来加以分析就可以从中得出一系列相应的结论（如对策等），然后便可以制订出行动计划。制订行动计划的基本思路是：发挥优势因素，克服弱点因素；利用机会因素，化解威胁因素；回顾过去，立足当前，着眼未来。

二、"5W"法

在职业生涯规划与决策中，"5W"法是一种简单易行的方法。"5W"法是一种归零思考，依托的是归零式的模式，从问自己是谁开始，如果能够成功回答完 5 个问题，就有最后答案了。

5 个"W"的含义是："Who am I（我是谁）""What will I do（我想做什么）""What can I do（我会做什么）""What does the situation allow me to do（环境支持或允许我做什么）"和"What is the plan of my career and life（我的职业与生活规划是什么）"。从某种意义上说，回答完这 5 个问题，也就基本上完成了职业决策和职业规划。

三、卡茨模式

在面临两个及两个以上职业选择时，卡茨模式是最简单易行的决策方法，它主要使用职业决策方块作为工具。使用卡茨模式进行职业决策一般遵循以下几个步骤：①选择供决策的 2～3 个职业；②针对每个职业的回报进行优、良、中、差的评价；③要充分考虑价值满足程度、兴趣一致程度、擅长技能的施展空间等因素；④对每个职业的成功机会进行优、良、中、差的衡量，包括工作能力、必需的准备及职业展望等。

将每个职业在"回报"和"机会"两个维度的结果呈现在职

业决策方块中(图 12-5),回报与机会乘积最大的职业,就具有最大的期望价值。

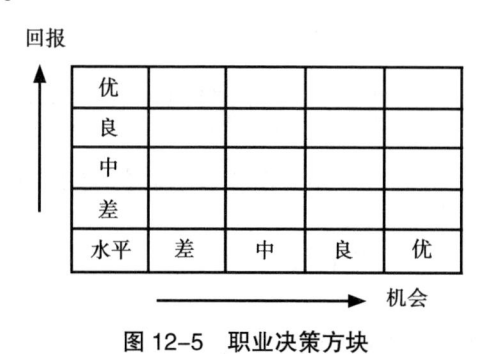

图 12-5 职业决策方块

第十三章　做好当下谋未来
——职场适应与职业发展

　　面对日趋激烈的就业竞争,大学生必须根据社会经济发展的要求和未来社会对人才的需要,锻炼和培养自己的能力,了解大学生应该具备的择业素质,并加以不断培养与提高。同时,大学生从大学校园走向一定的工作单位,也是一次典型的职业角色转变和人生的一次重要转折。如何尽快完成角色的转变,适应职场,是摆在每一个大学生面前的现实问题。当然,大学生还会遇到职业流动的问题,因而积极正确地引导大学生对待职业流动的态度,有助于他们更好地选择适合自己的职业,完成自我的职场适应,进而更好地实现自己的职业生涯规划。

第一节　从大学生到职业人的转变与适应

　　社会角色是指由人们所处的特定社会地位和身份所决定的一整套规范系列和行为模式,是社会对每个特定地位的人的行为的一种期望。个体的人在社会中所扮演的角色,并不是一成不变的,往往要发生多次的角色转换。

一、大学生向职业人的角色转换

　　大学生与职业人在社会角色上存在较大差异,如何适应职

第十三章 做好当下谋未来——职场适应与职业发展

场、顺利完成角色转换,是摆在每一位大学生面前的现实问题。而实现学生角色到职业人角色的转换,并非刹那间可完成的,它是一个过程,需要从以下三个方面付出持之以恒的努力。

(一)确定合理的职业角色定位

确定职业角色定位是进行大学生与职业人角色转换的第一步,它建立在对职业角色正确理解的基础上,并需要通过自身的不断努力来实现。

1. 正确理解职业角色

所谓职业角色是指社会和职业规范对从事相应职业活动的人所形成的一种期望行为模式。有多少种职业就有多少种职业角色,每个社会成员都扮演着一定的职业角色,如教师、经理、服务员等。职业角色的定位由职业的内在要求和外在期望所决定。每一种职业都有其自身内在要求,也是职业稳定性特征的具体表现,从事相应职业的人必然要求塑造成一定的角色。比如,教师的角色要求其因材施教,服务员的角色要求其热情周到等。职业者在做好内在角色定位后,在职业角色外在展示上,逐渐被社会赋予一定的角色期望。

如人们为难之时期望警察的出现和作为,认为法官应该是刚正不阿、公正执法的等。其实人们对职业角色的期望就是职业角色内在要求的外化表现。在当今的市场经济条件下,了解职业角色的相关知识,可以帮助我们正确认识自己的角色定位,扮演好自己的角色,履行好角色义务,更好地适应职业的发展。

2. 做好职业角色定位

社会是个大熔炉,与学校相比,在生活环境、文化氛围、人际关系等方面都有着很大的差异,难免使那些踌躇满志甚至有些好高骛远的大学毕业生产生强烈的心理反差。在这个过程中,学生首先要调整自己的心态,一方面认真领会社会规则,另一方面要迅速地完成角色的转变，清楚自身所处职场环境的特征和要求，认定自己在工作环境中的位置和所承担的工作角色及该角色的性质、职责范围和自己所承担的义务，在这个基础上，细致地定位好自己的角色，明白其角色要求，养成独立的生活、工作能力，锻炼一定的心理承受能力，使自己尽快地进入特定的职场状态，努力在工作中塑造职业角色原型，以满足社会对职业角色的期望。如果迟迟进不了角色，依然以自我为中心，或者不清楚自身所处职业角色的定位及要求，就会加大与新的社会角色的心理距离，造成对新环境与工作的严重不适应。另一方面，尽管在大学期间，大学生被要求做好职业生涯规划，明确职业目标，但不少学生只是停留在理论的意识层面，缺少在实践中的可行性指导。大学生走上工作岗位，成为一个社会的职业人，开始在实践中探索并践行职业生涯。这更需要毕业生在实践中不断全面认识自我，并通过反思和学习，将个人生活、事业与家庭联系起来，在客观的职业角色和工作中提升自我、发现机会，不断调整自己的职业定位，敢于实践，善于请教，把理论知识和实际工作有机地结合，融入新环境、新群体，在工作中不断突破自我，实现职业的发展。

（二）树立良好的角色意识

因为不同的社会角色有不同的行为规范和准则，而要能更好地履行角色规范和义务、承担角色责任，在确定合理的职业角色定位基础上，必须要有清晰的角色意识。

1. 调整心态，尽快适应

职场和社会与学校相比，在生活环境、人际关系等方面都有着很大的变化，初入职场难免会有心理反差及不适应。有些毕业生踌躇满志、血气方刚，却不能领悟职场规则，处处碰壁，而备感失落。因此大学生需要具备良好的心态和心理承受能力，保持谦虚好学的态度，从基层做起，不断实践锻炼，提高工作业务水平，尽快实现角色转换。

第十三章 做好当下谋未来——职场适应与职业发展

2. 增强角色意识，促进角色转换

大学生进入用人单位后，应认清自己在工作环境中所承担的工作角色以及该角色的性质、职责范围，弄清楚工作关系中自己的职责和义务。大学生苦读十余载，对学生角色的体验十分熟悉，学生的角色生活使大学生们养成了一种习惯的学习方式和生活方式。刚走上工作岗位，大学生常常会表现出对学生角色的依恋，将自己置于学生角色之中，以学生角色来要求自己和对待工作，以学生的思维方式来观察和分析事物，而这些与全新的职场环境和要求不相适应。

大学生应从意识和态度层面关注到角色的转换，尝试了解和适应新的观念、生活方式、思维模式及行为规范，认清自己在工作环境中所承担的工作角色以及这个角色的性质、职责范围，弄清楚工作关系中赋予自己的职权和自己承担的义务，从主观上主动适应角色的转换。

（三）顺利进入新角色

1. 珍惜机会，留下良好第一印象

毕业生走上工作岗位，留给别人的第一印象相当重要，能促进毕业生在较短时间内获得同事们的认同和领导的肯定。第一印象是指某种客观事物首次作用于人的感官，在人的头脑中产生的对事物整体的反映，包括事物的外观形状、行为特点、价值评判等。如果第一印象不好，以后很难转变。第一印象的作用表现在以下几方面。

（1）前摄作用。即先入为主。第一印象是在毫无意识基础的情况下获得的，在人的大脑中嵌入较深。

（2）光环作用。亦称晕轮效应。在人们交往中，突出一个人的某一特点，掩盖住个人的某些特点和本质。

（3）定式作用。也叫定式效应。第一印象的状况如何，会对以后的发展形成一个固定的趋势。

影响第一印象的因素是多方面的,既同刺激客体的行为过程有关,又与反映主体本身的价值取向、知识经验以及需要程度等因素密不可分。留下良好的第一印象有以下几点应值得注意:衣着整洁,仪表讲究,举止得体,虚心谨慎,守时守信,工作主动,严守秘密,待人真诚。

2. 多做实事和小事,尽快融入集体

许多初涉职场的大学毕业生常常抱怨"理想与现实有很大差距"。其实,又有哪个初入职场的年轻人不是从端茶、倒水、买盒饭干起呢?

初入职场的毕业生不妨抱着"多学一点,多做一点"的心态,多从诸如打水、扫地、复印这样的琐事做起,这样较容易和大家打成一片,融入新环境中去。要树立"从小事做起、从基层干起"的服务意识,少谈一些好高骛远的事情,这样会让单位领导、同事觉得孺子可教。要放下架子,虚心向同事请教,他们会耐心释疑。多做实事和小事,少点高谈阔论,这样会获得大家的认同。很多职场过来人认为:能把"小儿科"当回事并认真做好的人,肯定是敬业、有责任感的员工,对那些不是很起眼或者不很重要的工作,都能一丝不苟努力完成的人,总是会有意外的机会,施展才华的机会和平台,往往在不经意间获取。"一屋不扫,何以扫天下"的意义正在于此。初来乍到,需要尽快熟悉"圈子"里的人和事,保持多听、多看,用谦虚诚恳的态度向同事学习业务知识,主动与同事接触,积极参加一些单位里组织的业余活动,或多与同事沟通聊天,增进友谊,更有利于融入集体。

3. 正确面对职场挫折

新入职大学生有远大抱负,希望能够干出一番事业,这是好事。但是在角色转换的过程中,难免会有不顺和挫折,或者是理想与现实的落差,或者是才能不能充分发挥,或者是人际关系紧

第十三章 做好当下谋未来——职场适应与职业发展

张,或者是工作不被理解等,这些都是初入职场均有可能会面临的问题,毕业生需要正确对待,对自己要有客观认识,不要过于看重个人成就,不要将工作目标设定太高。初入职场,重要的是在挫折中不断学习和领悟,"吃一堑,长一智",改变视角,触类旁通,在工作中不断总结应对挫折的方法,积累应对挫折的能力,提升职业能力,以顺利完成从学生角色到职业角色的转变。

4. 乐业勤业,建立和谐的职业氛围

(1)安心本职工作是角色转换的基础。大学生要尽快融入工作环境,用饱满的热情和充沛的精力投入新的工作中。在安于工作、乐于工作中完成角色的转变。如果毕业生在刚入工作岗位时,心不在焉、眼高手低、好大喜功,肯定不能顺利实现角色的转换。同时,在进入职业角色时,要勤于工作,甘于吃苦,善于观察,勤于思考,在辛勤工作和刻苦钻研中不断提高业务水平、探索职业角色的内在要求和内涵。另外,用虚心的态度向领导、同事们、前辈们学习,包括专业精神、为人处世、专业技能等。实践证明,一个人在学校学习的东西是有限的,更多的知识和能力仍然需要在工作和实践中学习和积累。大学生只有敢于放下架子,才能不断进步,尽快完成角色的转变。

(2)控制情绪,主动沟通。毕业生应意识到校园文化和职场文化的不同,学会控制自己的情绪,不要把喜怒哀乐全表现出来,更不能随便发脾气,影响工作;懂得从实际情况出发去处理问题,不能生搬硬套理想化的模式;初入职场,不仅要积极善于学习,更要懂得与人积极沟通合作,建立和谐的人际关系和职业氛围,为职业生涯的发展奠定基础。刚入社会的职业人,一般要经历"新鲜兴奋—观察思考—协调发展"这样一个发展变化的过程。学会与不同的人相处,不要习惯性地以对待周围老师和同学的方式与同事、上司相处,不要试图去改变别人,而要试着适应不同的人,求同存异。

(3)愉悦他人,营造正能量。在职场中,不仅需要积极融入,更需要设想如何能让别人愉快地接受你,让别人感觉愉悦,用自身的魅力来感染他人,塑造积极的正能量氛围。真正的人格魅力来自内心,确切地说,来自内心对他人的态度。如果我们能让自己激励、感染、影响、愉悦身边的人,那将会达到超越职业化的境界。

社会的发展需要的是"复合型人才",职业生涯的成功是综合素质的考验,而这些能力和素质是需要不断在实践中获取的。大学生要实现职业人角色的顺利转换,需要使自己胜任工作、适应环境,不断提高人际交往的能力,塑造自身良好的人格魅力,主动建立新的社交圈子,做到心胸宽广,与人和谐友善相处,努力处理好领导和同事之间的合作关系,以及与客户之间的业务关系,随时调整自己的知识结构与能力结构、思维方式和行为方式,增强团队合作意识,才能顺利地进入新角色。

二、职场适应

大学生作为职场新人走上工作岗位后,普遍面临职场适应问题。

(一)搞清存在问题

初入职场的大学毕业生主要面临着以下三个方面的职场问题。

1. 职业发展方向模糊

很多大学毕业生带着满腔热情投入到崭新的工作岗位上,但当其真正进入职业角色后,又感觉现实的工作与理想的职业相差甚远,因此产生职业困惑,乃至离职或者频繁地跳槽。发生以上现象的原因,一方面是职场新人自身职业目标模糊,缺乏长远的职业规划,一旦个人确定了长远的职业发展方向,便能在择业乃至平凡的工作岗位上寻找到自身职业发展的突破点;另一方面是缺乏相应的职业角色意识和职业角色转换的能力。

2. 存在一定的经济压力

初入职场,毕业生处于基层工作岗位,待遇处于起步阶段,而同时开销增大,房租、职业形象塑造、人际交往增多的需要等都是毕业生不可缺少的开支,另一方面,物价的不断上涨等,这些都客观造成了初入职场毕业生的经济压力。因此,这是毕业生初入职场的必经阶段,应合理对待。初入职场的毕业生应该对消费支出合理预算,调整消费结构,改变消费习惯,并不断在职场上积累经验和能力,通过职位和阅历的提升来逐渐改善经济压力。

3. 职业技能亟须提高

大多数毕业生在校期间缺少应有的实践经验,知识偏重理论,实际动手能力偏差。这一方面是由于大学校园的教育模式,强调学生的理论知识掌握、共性的发展,忽略学生个性的养成,以及学生职业能力的培养;另一方面,学生自己缺乏自身职业目标领域的技能学习和实践经历,导致在职场上不能更好地适应用人单位的需求。

(二)适应岗位要求

大学生顺利完成学生角色向职业角色的转变,解决初入职场面临的种种问题和困惑,需要在不断深入了解工作环境的基础上提升自我,以逐渐适应岗位的需要。

1. 主动了解工作环境

工作环境不同对职业人的各种能力素质的要求和规范也不相同,这需要大学生利用各种途径去了解和认识工作环境。初入职场的大学生要想在工作中充分展示才华,实现自身价值,就必须对工作环境充分了解,不断融入,才谈得上实现价值和理想。

(1)了解行业及其发展趋势

初入职场,非常有必要对所处的行业进行细致的了解和分析，包括所属行业的发展状况、发展趋势、行业规则及行业管理措施。比如，从事金融行业，需了解该行业的特点和规范，国内外发展状况及相关政策。从事美容美发行业，需了解该行业国内及本地区的发展状况，国际国内流行趋势和先进美容技术，行业规范和管理制度等。从事服装业的，需了解服装行业的发展趋势，流行色和流行款式，服装技术发展潮流等。家有家法，行有行规，进入一个新行业，应充分了解和掌握该行业信息，这样，才有助于尽快实现从门外汉到内行的逐渐转变。

（2）熟悉企业内外部环境

刚到新单位，需要细致了解企业的历史和现状、文化精神和核心价值理念等。对公司章程、工作纪律、服务规则、奖励办法、人事薪酬等规章制度也要深入了解，这样，毕业生就能更好地规范自己的职业行为，哪些该做、哪些不该做、哪些必须遵守，做到心中有数。

（3）熟悉岗位职责

充分了解工作职责和内容，是初入职场的重要一课。同时，需要了解单位的工作评价机制。工作评价的标准分正式和非正式两种，正式标准一般是可衡量的，它的形式如产量或生产率、销售的增加以及利润等，往往数量目标和质量目标并重；非正式标准较难描述，它一般由上司来决定，主要有工作态度、仪表穿着、与工作团队合作的和谐程度等。

2. 爱岗敬业，提高业务能力

爱岗敬业是走上工作岗位的基础。初入职场的大学生应尽快全身心地投入到工作的岗位中，用积极的态度面对工作。许多毕业生本来一腔热血、满怀理想地投入到工作岗位，但一遇到实际工作中的困难，如复杂的人际关系、独断的领导、陈旧的设备、落后的管理方式等，便会动摇自己的理想，产生消极抱怨的态度，或者三心二意，不安心本职工作，这是职场大忌。

在职场中，只有经过对复杂的社会环境、社会文化和社会规范的观察、认知、模仿、认同、内化等一系列学习和实践过程,才能不断地适应和提升。比如小王毕业后进入一家私企,规划5年后进入世界五百强企业,为此,他希望积累管理能力;而公司想在销售方面培养他,并对他进行了相关的培训。小王认为这与自己的职业目标相违背,便集中精力朝自己的个人目标努力,对公司交代给自己的任务也不上心,久而久之,领导不再信任他。阅历不深的他还曾把自己的职业目标公开告诉同事们,领导知道后,认为他迟早要离开,便不再交给他一些核心的工作,培训和晋升的机会也没有了,而小王离他个人的目标也渐行渐远了。

毕业生需要在爱岗敬业的基础上,放下架子,向有经验的领导、师傅、技术人员和同事们虚心学习,细心观察他们分析问题、解决问题的方法和能力,勤于思考,结合自身所学努力解决现实问题,勇于承担责任,在工作和实践中学习和锻炼,不断提升业务能力。

(三)寻求职业发展

职业的适应是短期的,而职业的发展关系到整个职业生涯。毕业生要克服初入职场的种种困难,不断适应职场,并以长远的眼光和策略来发展职业,以实现自身职业的成功。

关注未来职业发展,需要了解职业发展的特点、建立和谐的人际关系、提升职业素养,以克服职业倦怠,促进自身职业的合理发展,实现自身的职业成功。

1. 建立和谐的人际关系

人际关系是人与人之间心理上关系和心理上的距离,是以一定的群体为背景,在互相交往的基础上,经过认识的调节、感情的体验、行为的交往等手段而形成的,是人们长期交往的结果。

美国哈佛大学就业指导小组,对几千名被解雇的男女雇员进行了综合调查,发现在这些被解雇的雇员中,人际关系不好的比不称职的人高出两倍多;每年调动人员中因人际关系不好而无法施展其所长的占 90% 以上。美国《幸福》杂志所属的名人研究会对美国 500 位年薪 50 万以上的企业高级管理人员和 300 名政界人士所做的调查表明：93% 的人认为人际关系畅通是事业成功的最关键因素。可见，人际关系与事业成败息息相关。

毕业生进入工作岗位，首先面临的是工作环境的适应，除了适应业务工作和技术要求，不可忽视的就是人际关系问题。毕业生建立良好人际关系可从以下几方面入手。

（1）端正态度，胜任本职工作

"态度决定一切"，与你的经验、才智相比，最先让与你共事的人对你产生好或坏的印象是你的工作态度。你是否热爱本职工作，你是否工作认真，你是否兢兢业业，你是否吃苦耐劳，是别人观察你的焦点。你的工作态度将决定你的人生态度。因此，一个不热爱本职工作的人，绝对不会给别人留下好感。毕业生胜任本职工作，做出工作实绩，是赢得同事赞誉和领导信任的基本条件，更是建立和谐人际关系的基本前提。

此外，毕业生在职业岗位上要谦虚谨慎，不能自视学历高，文化水平高，看不起别人，尤其看不起基层一线人员，放不下架子，进而不从基层踏实做起，不向实践学习，结果被别人看不起。这样相互轻视，互不相容，必然会导致人际关系的紧张和不和谐。

（2）主动积极，拓展社交圈子

大学毕业生从校园跨入工作单位后，往往有一个孤独期。昔日好友各奔东西，原有的人际关系圈被打破，面对陌生的环境，他们要寻找一种新的归属感。环境对新来者或多或少地存在排斥感，尤其单位里的老同事，如果新来者不积极主动接触老同事，就很难融入新环境。性格开朗者会很快调整适应新环境，而性格内向者就需要大胆突破性格束缚，主动伸出友谊之手，主动表示你的友好态度，积极拓展自己新的社交圈子。因此，要想让别人喜欢你，首先你要喜欢别人。

（3）尊重领导，服从单位安排

在上学以后的十多年时间里，除家庭关系以外，大学生们大

第十三章 做好当下谋未来——职场适应与职业发展

都是与同龄人接触较多,比如好同学、好朋友、邻居的好伙伴等,相处过程中一般比较随意。踏入工作岗位之后,与上司的关系是领导与被领导之间的关系,是下级服从上级的关系,这种关系与师生间的关系不同,它具有共担责任又各负其责,既顾全整体又注重本职的特点,而且,与领导的关系往往对人的处境、经济利益和晋升带来一定的影响。因此,到了工作岗位以后,应学会处理好与上司之间的关系,尊重领导,服从单位安排。如果你是在国家机关、事业单位、企业等部门工作,你作为下级,应该服从上级,首先做到尊重领导。一般担任领导职务的人,应该都具有领导的人格和风度,他们担负着上一级领导赋予他们的责任。因此,服从单位的工作安排,遵照领导布置的任务进行工作,是我们的职责。除特殊情况外,都应该无条件地服从上级领导对工作的分配。如果个人有意见,可以正面向领导提出,经过领导研究后,要愉快地接受任务。特别要注意防止在领导布置工作时,无理拒绝、顶撞或发生口角,要学会通过正常渠道和正确方式反映个人的意见。

(4)尊重同事,营造良好工作氛围

作为职场新人,处理好与周围同事之间的关系,不仅有利于提高业务技能,也有利于职业适应,尽快融入集体。处理好同事之间的关系,可从以下几点开始:①学会尊重同事,以诚待人,多虚心向同事请教,初涉职场,从零开始,所有人都是你的老师,不论职务尊卑、收入多少、年龄大小和文化高低,都要尊重他们的人格、情感和劳动,虚心请教,才能赢得他们的尊重。②全身心投入工作中,多从细小处入手;坚信"一屋不扫,何以扫天下",在工作中赢取同事的信任。③关心同事的困难,并给予力所能及的帮助。一个人每前进一步,都离不开别人的支持与帮助,在同事有困难时应当热情帮助,不能袖手旁观,更不能幸灾乐祸,损人利己,患难见真情,只有热情帮助他人的人才能得到别人的帮助,才能得到别人的认可和赞扬。④平等待人,不在背后议论同事长短和隐私。不以貌取人、以级待人,把同事分成三六九等,也不能领导至上,群众至下,更不能有用则交、无用远交。

2. 提升职业素养

职业素养是指职业内在的规范和要求,是在职业过程中表现出来的综合品质,包含职业道德、职业意识、职业形象、职业技能等方面。

毕业生要完成从学校到社会的角色转变,将职业素养体现为态度和行为习惯,不是一日之功,不会一帆风顺、一蹴而就,需要一个积累和准备的过程。多项调查和研究表明,大学生的职业适应和角色转化期大概需要3年的时间。常常要告诫毕业生:你毕业后的一两年,也许是你一生最痛苦、变化最大、对人生的认识、体会和感悟最多的时期,这些话就是针对大学生的社会适应和职业适应问题提出的。

(1) 职业道德

职业道德是指从事一定正当职业的人们在特定的工作和劳动岗位上进行职业活动时,从思想到行为都应当遵循的道德规范。美国最著名的《哈佛商业评论》评出了9条职业人应该遵循的职业道德:诚实、正直、守信、忠诚、公平、关心他人、尊重他人、追求卓越、承担责任。爱岗敬业、诚实守信、办事公道、服务群众、奉献社会也一直是我国各行业职业道德的共同规范。

不同历史时期和历史年代,同样的行业其职业道德也存在差异,而行业的差异,对行业行为要求和规范不一,也形成了差异性的职业道德。比如,教师的首要职业道德是"为人师表、严谨治学",法官的首要职业道德是"刚正不阿,公正严明",军人的首要职业道德是"服从命令、听党指挥"。

(2) 职业意识

职业意识是职业人在特定的社会条件和职业环境影响下,在教育培养和职业岗位任职实践中形成的某种与所从事的职业有关的思想和观念。它反映了一个人对于职业的根本看法和态度,是职业认知和职业行为的统称。职业意识包含了职业认知、职业情感、职业意志、职业行为等方面,它集中地表现为一种爱岗敬业

第十三章 做好当下谋未来——职场适应与职业发展

的精神。职业意识的培养和提升有利于提升劳动者的职业素质,强化其职业生涯的发展,激发其良好的职业态度和创造热情,从而实现劳动者的职业价值和人生价值。

(3)职业形象

职业形象是社会公众对职业人的感受和评价,职业人从事职业活动时的形象就是职业形象。一个人的职业形象是公众对他的着装、气质、言谈、举止、能力、敬业精神、乐观自信等外在形象和内在涵养的综合印象。良好的职业形象具有下列特征。

良好的职业机制。职业的运行机制主要包括职业的性质和社会地位、职业的体制和运营方式、职业道德规范和行为准则以及从业人员的选择与培养等。

职业人的外在美。在没有经过详细了解的前提下,从业者的外在表现如服饰、发型、语言、举止等,往往给人一种很深的内在印象,外在美是塑造良好职业形象的先决条件。

职业人的内在美。与外在美相比,内在美的境界更高,更能够持久树立良好的职业形象,和蔼的态度、谦逊的作风和诚信的为人都是内在美的主要表现。

(4)职业技能

职业技能是各企业对求职者重点考查的内容,是企业在用工过程中最关心的一部分。毕业生可结合自身特点在知识、能力、素质等方面学习和提高,充分发挥自我潜能,培养创新思维、创新意识和能力,以增强其社会竞争力。

毕业生需要在实践中正确认识自我,提高实践能力。人的一生之中,要从事各种各样的社会生活和社会生产活动,必须具备多种能力与之相适应。如果我们对某项职业有兴趣,但缺乏从事这项职业的能力,将来即使做这方面的工作,完成工作任务也是一件困难的事情,达到优秀绩效的可能性就更小。例如一位学习广告设计专业的大学生,对广告比较感兴趣,也进入了一家广告公司,但他缺乏设计的创新能力,虽然计算机应用能力较强,专业的理论知识也学习得不错,工作也很努力,但总是设计不出有创意的作品,得不到领导和同事的认可。因此,科学的职业生涯规划需要对自我职业能力进行测试和分析,作出恰当的评价,这样就可以结合自己的职业兴趣,选择适合自己的职业岗位,并在选定的职业中充分施展自己的才华和优势。

职业能力虽然会受到先天遗传、大学前教育的固有影响,但职业能力不是一成不变的,会在实践的基础上得到发展和提高,大学期间的学习以及将来长期从事某一专业劳动,能促使人的职业能力向高度专业化发展。例如,计算机文字录入人员,随着工作的熟练和经验的积累,手眼协调能力会越来越强,录入的速度会越来越快,准确性会越来越高。因此,必须向大学生说明,大学的教育培训、知识积累就是促进职业能力提高的最有效途径之一,在校期间学到的知识是职业能力形成的理论基础,学到的技能是职业能力形成的实践基础,在校期间的人际交往、团队协作、环境适应也都对以后更好地胜任工作会有极大的帮助。同时,大学生还必须明白,职业能力的培养是一个终身学习的过程,即便毕业以后,也要时刻"充电",保持高昂的学习激情,这样才能在激烈的社会竞争中立足并取得成功。

第二节 就业压力分类及应对策略

一、就业压力的分类

(一)就业形势十分严峻

首先,随着经济和科技的发展,要求大学毕业生不仅要具有扎实的理论基础知识,同时还需要掌握各种各样的职业技能,这样的复合型人才要求与我国相对落后的教育体制构成了严重的矛盾。中国经济在高速发展和转型中,而教育体制的改革步伐却很迟缓,学校的教育体制存在一定的滞后性。大学对市场的预期

第十三章 做好当下谋未来——职场适应与职业发展

是根据应届各专业毕业生就业的情况来制订本年各专业招生的计划。但是市场风云变幻，一些四年前最热门的专业，往往四年后会变成"冷门"，那些当初意气风发被这些专业录取的学生，到了毕业时却有了一种失落感。其次，许多学校所学的课程完全是理论上的说教，内容十分枯燥，学校无法为学生提供实践的平台，而很多知识是需要实践和理论结合才能够真正掌握的。

（二）毕业生供给量的急剧增加，使得毕业生们面临着严峻的就业竞争

高校连续几年的扩招，势必造成高校毕业生高存量、高膨胀，给高校毕业生就业带来新的压力和难度。最近几年，普通高校毕业生将保持大幅度的增长。毕业生骤然增加，但我国的岗位却没有相应增加。一方面，国家政府机关和事业单位正在加快进行以机构和人员精简为内容的改革，就业岗位在急剧减少；与此同时，新增就业压力大，转移就业压力大，再就业压力大，总量规模压力大，是我国就业的特点，未来一段时间就业压力还将继续扩大。

（三）大学生对自身能力的准备要求不明确造成的就业压力

随着市场经济的发展，我国高等教育的市场化水平也在逐步提高，高校毕业生就业方式已由过去的国家统一分配转变为面向市场公平竞争，把毕业生推向了市场，自主就业，让大学生就业实现市场化。但由于我国的高等教育是精英化的教育，有的大学生认为进了大学就进了保险箱，只要拿到毕业证书就可以就业。许多大学生只知道啃书本，而不注重自身综合能力的培养和提高，结果在就业时往往不能符合企业的要求。另外，很多大学生就业时不是立足于选择最能发挥自己的作用，实现自我价值的岗位，而是盲目追求高工资、大单位，拥挤在大城市、大企业。

二、就业压力的应对

（一）学会处理好各种人际关系是从容应对就业压力的基础

1. 处理好师生关系

从社会的角度看,师生关系是人和人的关系,是师生思想交流、情感沟通、人格碰撞的社会互动关系,大学教师对大学生的影响,不仅表现在知识上、智力上,更表现在人格上,大学生渴望成才,而人的成长总是和人的知识、能力拥有密切相关,要获得知识培养能力,离不开老师的教育、培养、指导。所以说,大学生积极广泛地与大学教师进行深入、全面的交往,有助于大学生开阔视野、获得新知、增长见识、胸怀大志,为今后人生的全面健康发展打下坚实的基础。

2. 处理好同学关系

大学里的同学关系是平等的人与人之间的关系,大学生之间的交往是在平等的地位上进行的,他们之间没有明显的权责分工,没有层次差距很大的地位分化,也很少带有明确的功利性目的。在大学校园里,同学是大学生交往的最基本对象,他们之间的交往最普遍。从交往的对象上看,如今的大学生不只是限于与同班级、同宿舍、同专业的学生之间的交往,而是已经扩展到全校以及外校学生之间的交往,大学里各种学生社团的兴起及校园网的开通,更为这种交往提供了基础。

3. 处理好与其他人的关系

随着大学生社会实践活动的广泛进行,大学生走出校门,接触社会的机会越来越多,结交朋友的范围和领域不断拓展,与社会各行业、各种年龄的人进行交往,这是大学生作为社会人不可避免的,也是大学生适应社会发展所必需的。过去,大学生与社

第十三章　做好当下谋未来——职场适应与职业发展

会成员之间的交往比较少,如今随着我国市场经济的发展,大学生通过旅游、购物、打工、实习等对外活动,有了更多的机会深入社会,了解社会。大学生在同社会成员交往的过程中,一方面可将自己所学的知识和技能应用于社会,以增长自己的知识、经验和才干,锻炼自己的实际工作能力;另一方面,由于大学生缺乏人际交往的社会经验,在日常生活中与不同类型的人的交往可以弥补这一不足,从而为大学生毕业顺利走上社会、适应社会、立足社会打下基础。

(二)大学生就业压力的应对策略[①]

1. 大学生要正确看待当前的形势,在学好自己的专业知识的基础上,努力培养多方面的能力

这包括与人交往的表达能力和人际交往的能力、社会适应能力、组织管理能力、决策能力、团队精神沟通能力、开拓创新能力和竞争能力等,这些都是企业对人才的必备要求。所以,大学生在学校除了应该学好课本知识外,还要积极参加学校和团体所组织的各项活动,有意识地培养和加强自己在这些方面的能力。管理学里的木桶理论告诉我们,一只木桶的盛水量取决于那块最短的木板,于是,如果在哪一方面存在着很大的缺陷,就会影响自身的综合素质。不仅如此,成君忆的新木桶理论告诉我们:木桶的盛水量还取决于木板与木板之间的结合是否紧密。因此,各种能力应该是紧密结合在一起的,若各块木板都独善其身,那也是只漏水的木桶而已。

2. 大学生毕业就业时要客观地认识自己

就业市场化意味着各类人才要主动适应人才市场的需求,要遵循人才市场的规律,更要从自身职业发展的空间考虑,找到合理的职业定位,先就业,后择业。在整体就业环境不容乐观的情

---
① 常青云.大学生就业压力及应对策略[J].中国电力教育,2006(05):83-86.

况下,毕业生不应该对单位挑肥拣瘦,先找一个单位是最务实的做法。要知道:高薪不是绝对的,竞争力和市场决定职业高薪与否。因此,毕业生应该时刻注意分析职位的市场发展前景,既掌握今天的市场需求也要预测明天的发展形势,做到未雨绸缪,并且根据个人情况积累新的职业竞争力,把主动权握在自己手里,万一环境发生变化,就能够应付,化不利为有利,然后找到新的职业增长点,这样才能长久保证我们自身的价值。当然,毕业生就业不仅仅只是毕业生自己的事,学校也应该采取各种措施帮助毕业生就业。从营销的角度看,高校如同一个企业,毕业生是其制造的产品,用人单位则是"消费者",既然这样,按市场规律,产品的生产应该符合市场需求,即学校应该按企业的要求去培养人才。高校应引导大学生积极进行各类活动,培养良好的性情,树立自信。一般情况下,大学生心理障碍的产生是由于当内部环境变化时,个人对环境或情景的变化缺乏正确认识或心理上缺乏适当的准备,又不能及时进行自我调适,从而导致心理行为走向误区。

3. 积极参加各种活动,努力完善自我

大学生应该经常地、主动地参加各种文化体育活动,发扬特长,培养爱好;确定目标,制订计划,正确认识评价自己,不自卑,自信自强。如果大学生能定时清洗心理,适当适度发泄情绪,就能够控制好自我情感,调节好自我情绪,正确认识自我,发展个性,消化问题,心理问题也会迎刃而解。大学生可以寻找一些自我解脱的方法,用来平衡心态,比如,幽默法、倾诉法、休闲法、情感转移法,还可以适当地运动,结交好朋友,培养自己热爱生命、热爱生活的积极人生态度来保持良好的心理状态,在生活实践中锻炼意志和磨炼品质,提高对挫折的忍受力,最终实现正确的人生定位。当然,有心理障碍的大学生也必须大胆接受心理咨询,通过积极的途径解决问题。

第十三章 做好当下谋未来——职场适应与职业发展

4.完善就业制度,促进大学生就业

大学生就业是全社会关注的热点,影响大学生就业的因素很多,从体制到社会观念以及大学生本人能力、价值观等,都会对大学生就业产生影响。尽快改善大学生就业环境,对促进大学生就业将会起到根本性的作用,完善相关制度是解决大学生就业难题的重要方法。

(1)进一步完善高校毕业生就业的市场机制,明确高校毕业生就业制度改革的方向,建立市场导向,政府调控,学校推荐,学生和用人单位双向选择这样一个机制。要积极推动高校毕业生就业市场、人才市场、劳动力市场的贯通,实现资源共享。整合劳动力市场,逐步探索形成适应市场经济要求的新的就业机会传导机制。第一,要改善人才市场和劳动力市场由两个方面分管的状态,建立起全国互通的职业介绍服务信息网络,使就业机会在最广泛的空间中得以利用;第二,要改变性别歧视就业政策,并淡化城乡户籍身份界限,创造更多的就业岗位;第三,要在社会保障体系逐步完备的过程中将大学生过渡到市场就业的机制中,并通过政府、企业、高校和个人四方的共同努力实现就业。

(2)要进一步建立健全毕业生就业服务体系,提高就业指导服务的水平,做到就业指导立体化、国际化。所谓立体化,就是就业指导传授给学生的内容必须全面,必须涉及学生今后求职、成才可能面对的各种问题。所谓国际化,这与我国加入WTO所带来的人才与国际著名企业对人才的零距离接触态势密不可分,用世界一流企业的先进文化、用人理念和选才标准来影响大学生,进一步完善他们的智能结构,拓展其择业视野,这需要建立起环环相扣的"五环"就业指导服务体系:一环是就业培训,从人才市场与企业对人才需求的角度出发,通过培训方式从根本上帮助大学生解决就业问题;二环是能力素质测评,借助在线测试的方式,为大学生提供自我认知、自我定位、自我评价、职业生涯规划等方面的有效依据;三环是心理辅导,针对就业、从业过程中遇到的各种心理问题进行专业化的心理辅导；四环是职业指导，通过专业职业咨询师的指导，为每一位大学生提供个性化的职业生涯方案，帮助大学生达到自己的职业目标；五环是就业支持，通过建立就业信息网络，给大学生提供一个就业平台，进行多层次全方位的职业支持，从而帮助大学生充分认知自我，掌握求职技巧，解除求职困惑，提供就业信息，提高就业能力。

（3）对大学生就业具有重要影响的制度主要有职业指导制度、学历证书制度、单位用人制度、教育培养制度、学生创业制度和社会文化制度。首先，应当树立职业指导即职业生涯指导的理念。现在教育部倡导全程指导，高校的职业指导应该包括职业生涯规划、职业素质教育、职业能力培养、职业道德培养和职业心理辅导及就业政策和择业环节指导等。大学生的就业指导工作决不只是一个简单的求职、找工作的过程，也决不应当只停留在学生毕业这一环节，而应该贯穿大学生在校期间的整个学习过程。其次，要改革高等教育中的学历证书制度，将教育与职业对接起来，这样培养的学生才是初步具备特定职业能力的应用人才。我国高等教育正在进入大众化教育阶段，必须将教育内容实用化和职业化，积极推进职业资格培训工程，在高职院校以及部分本科高校毕业生中开展职业资格培训工作。再次，尽快建立和完善高校大学生自主创业制度，鼓励高校毕业生自主创业，为其提供创业培训、项目开发、小额贷款、税费减免、跟踪服务等一条龙服务。目前我国的创业制度存在着门槛过高，对毕业生的经济支持不够等问题，应降低进入的门槛，把注意力放在对公司合法经营的管理与监控上来，使他们在国家允许的范围内合法经营。

大学生就业压力是客观存在的。关键在于我们应该认识到这些问题，不能回避，并积极地采取措施，以有益于问题的解决。同时还要不断深化高等教育改革，全面提高学生的综合素质和业务能力。高等学校要坚持正确的办学指导思想，根据经济社会发展需要，及时调整专业结构和招生规模，改革人才培养模式和教育模式，建立大学生实习基地。只有这样，我们才能切实减轻当前大学生就业中存在的压力,为用人单位选聘到合适的人才,为大学生找到能够充分挖掘其潜能的工作岗位,做到人尽其才、才尽其用。

第三节　常见求职心理调适与管理

一、常见求职心理

(一)自负心理

自负是一种脱离实际的盲目自信。拥有自负心理的大学生在作职业选择时,对自己的实力和相关职业的市场需求缺乏正确的评估,往往过高地估计自己的实力,作出不切实际的职业目标定位,择业过程带有明显的理想化色彩。而且,这类大学生对于自己的职业理想比较执着,不肯轻易放弃这种过高的目标定位。在择业过程中,对于一般的用人单位不闻不问,坚持用自己心中的择业标准作出自己的选择,导致自己由于能力不济而经常碰壁,也错过了很多非常不错的就业机会。

(二)自卑心理

自卑心理是一种由于不正确的自我评估而造成的过分自我否定。在自我评估时,一些同学只局限地看到自己的不足,过分地关注自己与他人的差距,认为自己这也不行、那也不行,从而产生了习惯性的自我否定。他们常常会说"那么好的单位,怎么会要我呢?""算了吧,去应聘了也是失败"等,自卑心理的同学在择业过程中常常采取回避、消极的态度,他们不敢去竞争激烈的单位应聘,怕遭到用人单位的拒绝而丢面子,被同学看不起。

自卑心理产生的原因很多,有些是因为学历和专业问题,比如一些同学认为自己是专科生,或学的是冷门专业,应聘时没有竞争优势,从而感到悲观;有的是因为在校表现平平,成绩和其他方面的能力都一般,没有担任过学生干部,没有拿过奖学金,没有获得很多荣誉证书,自己觉得竞争不过他人;有的是因为容貌和身高的缺陷而觉得低人一等;有的是在择业过程中受到暂时性挫折或求职屡次受挫后,产生了一定程度的自我否定。

其实,每个人在客观认识自己缺点的同时,也应该看到自己的优势领域,如有些学生学习成绩不好,但人际交往能力很强;有些同学语言表达能力一般,但工作非常踏实等。这些优势领域是我们在择业中的重要财富。

(三)焦虑心理

大学生由于缺乏择业经验,在面临就业时,会出现不同程度的焦虑心理。

首先,面对多重的职业生涯发展道路,一些大学生感到犹豫不决。大学生在毕业前,会有很多的人生选择,考本(或考研)、就业、自主创业,哪一个更适合自己,哪一个是最佳选择,一些同学在人生的十字路口感到迷茫,产生了很多顾虑。如果选择考本(或考研),几年以后就业压力会不会加大,能不能找到自己满意的工作;如果选择就业,会不会失去一次继续深造的机会。这种迷茫和顾虑使大学生产生了很大的焦虑感。

其次,随着职业选择的多元化,大学生在就业市场上面对众多的用人单位,常常感到无所适从,如我该选择哪份工作;如果跟这一家签了就业协议,会不会失去更好的单位;我能否通过激烈的面试竞争;我能否做好这份工作。这些想法使自己的心理压力增加,从而产生焦虑。

再次,一些同学由于择业的目标过高,一直没有找到自己理想的工作,看到身边的同学都签了就业协议,自己的心理开始紧张、焦虑起来。

我们可以看到,大学生出现焦虑心理的一个主要原因是缺乏明确、合理的职业生涯规划。择业,不是一个瞬间的过程,而是一个在不断了解自我、了解社会的基础上作出合理选择的过程,它需要长时间的积累。可见,大学生学会做职业生涯规划是非常重要的。

(四)依赖心理

在求职择业过程中,一些大学生会表现出依赖性强的特点。他们不愿通过自己的努力获得工作,而把择业的期望寄托于家人、亲戚、老师或朋友的帮忙上,他们整天待在家里或学校"待业",在"等待"中错失了很多就业的好机会。

实际上,他人的帮助可能会为个人的就业提供一些机会,但他人的帮助不可能伴随你的整个职业生涯,一个人职业的成功归根到底还是需要自己的努力。比如他人为我们提供了一个岗位招聘信息,但我们却无法通过面试;或他人为我们提供了一份工作,但我们却无法胜任。那么,这样的帮助也是于事无补的。因此,大学生在择业时,应树立主人翁意识:就业是我自己的事情,我需要为之而努力。

(五)盲从心理

在大学生择业过程中,不少学生会存在盲从心理,其特点是对职业缺乏自主的选择,不顾各种主客观条件,盲目从众。别人找什么工作,我也找什么工作,别人认为什么职业好,我也挤向什么职业。如大家都说某个企业待遇好,自己也去应聘这个企业;很多人说公务员工作好,自己也积极地准备公务员考试。

其实,职业生涯是非常个性化的,一个人职业生涯的成功,职业幸福感的体验,不是他找到了大家都认为好的工作,而是这个工作是适合他个性心理特征的。所以,在择业过程中,适合自己的才是最好的。

(六)攀比心理

拥有攀比心理的学生对自己缺乏客观全面的评价,没有真正考虑到专业特长、兴趣爱好和以后的发展前景,总想找到十全十美并在各个方面都超过或不差于别人的工作。他们认为找到这样的工作,跟身边的同学比起来就有优越感,就能体现自己的价值。如果自己的工作在某一方面不如其他同学,就会感到强烈的不平衡感,对现有的工作失去热情,甚至抛弃现有的工作去寻找更好的,结果使自己失去了很多就业的良机。

二、常见求职心理问题的调适

(一)正确认识和评价自己

面对就业择业中的各种心理问题,大学毕业生首先要冷静思考,正确认识和评价自我,既要看到自己的优势,也要意识到自己的不足,"知己知彼,百战不殆",找准自己的位置,给自己一个准确的定位,明确自己今后的职业发展方向,从职业发展的角度分析最适合自己的岗位和地域,正确规划自己的职业生涯。在求职过程中,既不能盲目自大,也不能妄自菲薄,要充分发挥自己的强项和长处,挖掘和发展自身潜力,展示自己的才能。

(二)理性面对就业形势,树立正确的就业观

大学生要理性面对当前的就业形势,调适就业心态,要结合自身实际情况给自己一个合理定位,改变不切实际地追求高薪和热门职业的倾向。树立"先就业后择业""先就业后发展"的观念,把初次就业作为提高专业能力和适应社会的开始,在具备一定的工作经验和技能后,再选择和调整自己最合适的工作岗位。要突破传统就业观念的束缚,志存高远,进一步拓宽就业渠道,自觉树立自主创业的思想观念,不怕苦,不怕累,主动到基层就业,到祖国和人民最需要的地方去建功立业。

第十三章　做好当下谋未来——职场适应与职业发展

（三）学会承受，充满自信，敢于竞争

大学生在求职中受到委屈、遇到挫折和困难，在所难免，在就业中产生一些心理冲突、困惑，有一些不良情绪也是正常的。要有经受挫折的心理准备，要提高心理承受能力，学会调节和释放压力。同时，要坚定信念，对自己充满信心。"自信是成功的第一秘诀"，能帮助我们勇敢地面对失败，百折不挠，以最旺盛、最活跃的精神状态去克服困难，以足够的忍耐力面对挫折，以足够的勇气迎接挑战，这是求职者成功的重要精神支柱。要积极、主动、敏锐地捕捉就业信息，适时调整就业方向，果断进行决策。在了解用人单位的要求后，只要自己符合条件，就应大胆地接受挑选。

（四）不怕"家丑"外扬，主动调整不良心态

对于求职时出现的一些不健康心态不必过度担心，要学会主动去调整，可通过看书、听音乐、外出郊游、体育锻炼等方式转移注意力，放松心情。同时通过心理暗示法，调动内在积极因素，发挥主观能动性，使自己保持良好的心情、乐观的情绪，增强自信心，渡过心理难关。也可向亲友、老师倾诉，寻求心理安慰与支持，必要时可寻求心理医生和专家的帮助。"家丑不可外扬"，这是古训，在大学生就业心理调适方面，如果自己一时难以疏解，通过适当的方式"扬"一下心结，打开自己的心扉，可能会一下子豁然开朗。

（五）全面提升自身综合素质，提高就业能力

面对当前严峻的就业形势，大学生只有以积极健康的心态，增强自己的竞争意识，不断提高综合竞争力，才能使自己在激烈的竞争中脱颖而出。在校学习期间，在努力学习专业知识的同时，要尽可能地去拓展自己的非专业素质与能力，智力因素与非智力因素并重，智商与情商兼顾，实现专业素质与非专业素质协调发展，全面提高自身综合素质，提高就业的竞争力。

参考文献

[1] 田永伟,吴迪.大学生职业发展指导 大学生生涯发展定位和职业生涯规划[M].北京:光明日报出版社,2019.

[2] 迟云平.职业生涯规划[M].广州:华南理工大学出版社,2019.

[3] 王林,王天英,杨新惠.大学生职业生涯与就业指导[M].北京:中国铁道出版社,2018.

[4] 刘玉升.大学生职业生涯规划与就业指导[M].苏州:苏州大学出版社,2018.

[5] 崔邦军,薛运强.大学生入学教育与职业发展规划[M].北京:北京理工大学出版社,2018.

[6] 祝杨军.生涯教育的逻辑[M].北京:首都师范大学出版社,2018.

[7] 谢珊.普通高等教育"十三五"规划教材 新编大学生职业生涯规划与就业指导[M].北京:中国轻工业出版社,2017.

[8] 龚芸,辜桃.大学生职业取向与职业规划[M].北京:中国社会出版社,2017.

[9] 邱仲潘,叶文强,傅剑波.大学生职业生涯规划[M].北京:清华大学出版社,2017.

[10] 孟喜娣,王莉莉.职业生涯规划[M].北京:北京邮电大学出版社,2017.

[11] 李培山.大学生职业生涯规划与就业[M].大连:辽宁师范大学出版社,2017.

[12] 武林波.规划自我 启程远航 大学生职业生涯与发展规

划[M].银川：宁夏人民出版社,2017.

[13]任晓剑,姚树欣.大学生职业规划与创新教育[M].北京：国家行政学院出版社,2017.

[14]李可依,毛可斌,朱余洁.大学生职业生涯规划[M].上海：上海交通大学出版社,2017.

[15]夏雨,李道康,王苇.大学生职业发展与就业创业[M].上海：上海交通大学出版社,2016.

[16]于广东,鲁江旭等.大学生职业生涯规划与就业指导[M].北京：中国轻工业出版社,2016.

[17]苏文平.职业生涯规划与就业创业指导[M].北京：中国人民大学出版社,2016.

[18]陈宝凤.大学生职业生涯规划[M].哈尔滨：黑龙江大学出版社,2016.

[19]谭禾丰.职业生涯规划与就业指导[M].北京：机械工业出版社,2016.

[20]顾雪英.大学生职业生涯发展与管理[M].南京：东南大学出版社,2013.

[21]徐凯.大学生职业生涯规划与就业创业指导[M].西安：西安电子科技大学出版社,2016.

[22]王俊.职业生涯规划[M].南京：东南大学出版社,2016.

[23]陈梦薇,刘俊芳,李晓萍.生涯规划与职业发展[M].南京：东南大学出版社,2015.

[24]高静,吴梦军.迈向职场成功之路 职业发展与就业创业指导[M].济南：山东人民出版社,2015.

[25]杨红英.大学生职业生涯规划[M].昆明：云南大学出版社,2015.

[26]方伟.大学生职业生涯规划咨询案例教程[M].北京：北京大学出版社,2015.

[27]覃玉荣.职业规划能力提升与就业指导[M].上海：上海交通大学出版社,2014.

[28] 张再生. 职业生涯规划(第 5 版)[M]. 天津：天津大学出版社, 2014.

[29][美]格林豪斯. 职业生涯管理[M]. 王伟, 译. 北京：清华大学出版社, 2014.

[30] 李保城, 刘效强. 大学生职业发展与就业指导[M]. 济南：山东人民出版社, 2014.

[31] 明照凤. 大学生职业生涯规划[M]. 济南：山东人民出版社, 2013.

[32] 韩旭彤, 张录全. 大学生职业规划与就业创业指导[M]. 北京：现代教育出版社, 2013.

[33] 钟召平, 王剑波, 李瑞昌. 大学生职业规划与就业创业指导[M]. 济南：山东人民出版社, 2013.

[34] 张瑞英, 刘克非. 大学生职业生涯规划与就业指导[M]. 北京：北京理工大学出版社, 2013.

[35] 邱广林. 职业生涯导航[M]. 广州：暨南大学出版社, 2013.

[36] 陈丹, 何萍. 大学生体验式生涯管理[M]. 北京：机械工业出版社, 2013.

[37] 陈姗姗, 吴华宇. 大学生职业生涯规划与就业创业指导[M]. 北京：中国经济出版社, 2012.

[38] 李花, 陈斌. 大学生职业发展规划与就业指导[M]. 北京：北京师范大学出版社, 2012.

[39] 张义明, 李强. 我的大学我做主 大学生职业生涯规划[M]. 杨凌：西北农林科技大学出版社, 2012.

[40] 任国升, 高雪升. 大学生职业生涯规划与就业指导[M]. 石家庄：河北大学出版社, 2011.

[41] 邵晓红. 大学生职业生涯与发展规划[M]. 北京：北京大学出版社, 2011.

[42] 韩庆红. 大学生职业生涯管理[M]. 华中科技大学出版社, 2011.

[43] 肖利哲,王雪原.大学生职业生涯规划理论与设计[M].北京:科学出版社,2011.

[44] 谢彩英.织梦 职业生涯规划[M].广州:华南理工大学出版社,2010.

[45] 杜喜亮.赢在职场 职业生涯规划与就业指导[M].济南:山东人民出版社,2010.

[46] 金树人.生涯咨询与辅导[M].北京:高等教育出版社,2007.

[47] 保罗·D.蒂戈尔,巴巴拉·巴伦–蒂戈尔著,李楠,等译.就业宝典[M].北京:中信出版社,2002.